日経文庫
NIKKEI BUNKO

戦略的コーポレートファイナンス

中野 誠

JN174422

日本経済新聞出版

まえがき

　本書はコーポレートファイナンスの入門書です。コーポレートファイナンスは，英語では Corporate Finance と表記されることからも分かるとおり，「企業」の財務的な問題を扱います。マクロの金融論や財政学ではありません。基本的には個々の企業の経営について，財務（カネ）の視点から考える学問です。「経営学のおカネ版」だと考えてください。

　日本では比較的新しい学問領域ですので，なじみが薄い読者も少なくないでしょう。しかし近年のビジネススクールでは，まさに「定番科目」です。経営戦略論，経営組織論，マーケティング，アカウンティング等と並んで必修科目に設定している大学院がほとんどです。それだけ社会的需要が増加しているのでしょう。なじみが薄い方も，シンプル思考の本書で「雰囲気」を感じ取っていただければ幸いです。

　私は 2001 年から一橋大学の MBA プログラムで教壇に立っています。通常の日本語による MBA に加えて，英語による MBA プログラム，金融戦略 MBA プログラムでも教壇に立つ機会をいただきました。それぞれ「企業財務」「Accounting & Business Valuation」「企業金融論」「会計・財務分析」などの講座を担当しました。

　それと並行して，日本のリーディング・カンパニー約30 社において，"Executive Education Program"，いわゆる経営幹部研修を担当する機会にも恵まれています。銀行や証券会社にも参りますが，主として事業会社に赴

き，経営問題を企業財務および企業価値の視点から講義・討論しています。そこでの関心事は，学術的世界の関心事とは微妙に異なっていることも知りました。

　本書ではそうした経験に基づき，多くの人々が関心を寄せる経営上の重要論点を中心として，企業財務ではどのように考えるのかをシンプルに解説しています。時間的制約の厳しいビジネスパーソン，初めて触れる読者のために，図や表を多用することで視覚的な理解を促進するように工夫をしています。学習のパートナーとして，2人の登場人物にも一緒に勉強してもらいます。

　コーポレートファイナンスの思考枠組み・知識の獲得を通じて，企業の戦略や経営が見えるという効果を実感していただければ幸いです。それでは，一緒に楽しく勉強していきましょう！

目　次

[V]　揺らぐ企業理論

[序]

CEO の悩み

1 3人だけの土曜ゼミ

　竹之内健一は東京を本拠とする住宅メーカーの社長・CEO（Chief Executive Officer）である。数カ月前に社長に就任したばかりだ。シャープなシルバーの眼鏡をかけており，長身でハンサム。一見すると，できるエグゼクティブ風である。高層ビルの窓辺に立ち，東京の景色を見下ろす横顔には，少しばかり疲労の色が浮かんでいた。というのも，今日の役員会議での議題をうまく把握できなかったからだ。

　竹之内は技術系の出身である。議題に上がった「資金調達」「投資案件」「配当政策」などについて，表面的には理解しているつもりでも，腹の底から理解できていないのだ。自分の頭で本質を摑みたい。

　竹之内は窓辺に立ちながら，自分が部長だった時のことを思い出していた。

　「そういえば10年前，部長研修でコーポレートファイナンスを勉強したなぁ。あの時の講師だった先生に，相談してみよう」

　秘書に連絡先を調べるように頼んだ。

　徳島令子は大学を卒業したばかりで，証券会社の投資銀行部門（Investment Banking Division：IBD）に配属されている。大学時代はラクロス部に所属し，青春のほとんどを部活動に捧げたことを日焼けした顔が物語っている。大学時代の思い出が部活動だけになるのも惜しいので，少しは勉強もしようと思って，先輩から紹介され

た「コーポレートファイナンス」のゼミに入った。優秀な仲間たちに圧倒されながら，なんとか耳学問を続けていた。

　もちろん，メインはラクロスである。就職活動では，優秀なゼミ仲間たちが口にしているキーワードを理解はしていないのに，たくさん並べて，かろうじて面接を突破したのだ。

　ところが，ハッタリが効きすぎたのか，こともあろうに投資銀行部門に配属されてしまったのである。令子は困ってしまった。困った時には大学時代のゼミの先生に聞くのが手っ取り早い。体育会仕込みの行動力は目を見張るばかりだ。

―　研究室にて　―

　1週間後，土曜日の早朝。大学のキャンパスには，ほとんど人がいない。映画やドラマの撮影にも使われる趣きのあるキャンパスだ。

　竹之内は新緑がまぶしいキャンパスを歩きながら，「大学のキャンパスなんて，かれこれ30年ぶりだ」と思った。青春時代が懐かしい。

　令子はつい先日，卒業式で友達と記念撮影したばかりのキャンパスに舞い戻った。この1カ月半のあいだ，グループ全体の新入社員研修，投資銀行部門専用の研修を受けたが，同期たちは優秀すぎてまったくついていけなかった。教授の研究室のドアの前まで行くと，なにやら中から話し声がする。

　「あれ？　来客かな。おかしいな，中野センセイ，土曜の9時って言ってたんだけどなぁ」

少し待っていると，中からセンセイの声がした。

　「令子さん？　どうぞ。」

　ドアを開けて研究室に入った。卒論を提出して以来だ。入ってビックリ。そこには子どものころからよく知っている顔があったのだ。

　「あれ，おじさん，なんでここにいるの？」

　「令子ちゃん！　え？　先生どういうことでしょうか？」

　「二人はお知り合いですか？」

　「うちのお隣のお嬢さんですよ。小さいころから元気なお嬢さんで。ああ，こちらの大学に通っているんですね」

　「おじさん，私，3月に卒業して，証券会社に入社したんですけど，コーポレートファイナンスが分からないんです。それで，ゼミのセンセイに相談しようと思って」

　「私もね，いちおうは社長なんだけど，もともと理系ですから，財務っていうのは勉強したことがないんですよ。社内の専門家に聞くというのも，社長である手前，恥ずかしいですし……」

　「はいはい，お二人，そちらに座って。1対1だとなんとなく気詰まりですし，このほうが私も教えやすいので，3人で一緒に勉強しましょう。財務の考え方の基本を理解すれば，自分の頭で考えられるようになります。竹之内さん，安心してください。だけど，令子さん，2年間，ゼミで何を勉強してたのかな？」

　このようにして，「3人だけの土曜ゼミ」が始まった。

2　社長，5 つの悩み

― 社長の悩み ―

　まずは社長さんの悩みから聞いておくのがよいだろう。

　「ところで，竹之内さん，どんなことに疑問をお持ちなのですか」

　「実にお恥ずかしい。もう 10 年前の話になりますが，わが社の部長研修の時に，中野先生から財務の基本的な考え方を講義していただきました。ああいうのを，もう一度，お願いできないでしょうか」

　「ちょっと，待ってください。私たち大学教師という人種は，話し始めると実に長くなります。日が暮れてしまいます」

　「ほんとに，暮れちゃいますよ。センセイは話し好きだから」

　「令子さん，ワインを飲まなければ，それほど長くはなりません。社長，何か具体的な疑問点を挙げていただけないでしょうか」

　このように聞いてみると，竹之内社長は以下の 5 つの悩みを打ち明けた。

1. 最近，日本企業の利益率，とりわけ ROE（Return on Equity：株主資本利益率）が低水準にあるという議論をいたるところで耳にする。これをどう理解すればよいのか。

2. 先日，社長就任後，初めて株主総会に臨んだ。そこで株主から，わが社のペイアウト政策について説明を求められた。配当については，どのように考えればよいのか。

3. 取締役会や機関投資家とのミーティングの場で，M&Aの予定はないか，と聞かれることが増えた。M&Aについては，どのように考えればよいのか。

4. 少し抽象的になるが，上場企業として資本市場とは，どのような付き合い方をしていけばよいのか。資金調達については，どのような理解が必要か。

5. 会社の目標は企業価値最大化，株主価値最大化に置くのがよいのか。それとも，利害関係者すべての利益を考慮すべきなのか。

「社長，大枠のところ，お悩みが理解できました。これから毎週土曜日に，順番に考えていきましょう。令子さん，事務室からホワイトボードを借りてきてください」
「はーい」
いよいよ，3人だけの「土曜ゼミ」の幕開けだ。

3　コーポレートファイナンスとは?

ファイナンスには，大別すると2つの学問領域があります。第1の領域はコーポレートファイナンス（企業財務），第2の領域はインベストメント・マネジメン

図表 序 -1：ファイナンスの 2 つの領域

① コーポレート ファイナンス	② インベストメント・ マネジメント
本書が扱う領域	
・事業投資の意思決定 ・資金調達の意思決定 ・ペイアウトの意思決定	・リスクと投資家の選好 ・ポートフォリオ選択の理論 ・証券市場の均衡価格

ト（投資管理論）です。インベストメント・マネジメントはポートフォリオ分析など，投資家の視点からのリスク・リターン分析やポートフォリオ戦略を主たる研究領域としています。本書で扱うのは前者，すなわちコーポレートファイナンスです。

　コーポレートファイナンスは，英語では corporate finance と表記されることからも分かるとおり，「企業」の財務的な問題を扱います。マクロの金融論や財政学ではありません。基本的には個々の企業の経営について，財務（カネ）の視点から考える学問です。「経営学のおカネ版」だと考えてください。

4　3 つの問題領域

　では，具体的には，どのような問題を考える学問なのでしょうか？　ここでは，簡潔にエッセンスだけをご紹介します。コーポレートファイナンスが扱う主要な領域は，次の 3 つです（**図表序-2**）。企業のバランスシートを念頭に置くと，左側が事業サイド，右側が資本市場サ

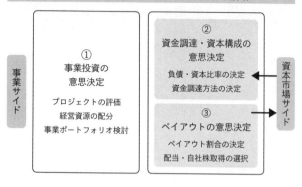

図表 序-2：コーポレートファイナンスの３つの領域

事業サイド

①
事業投資の
意思決定

プロジェクトの評価
経営資源の配分
事業ポートフォリオ検討

②
資金調達・資本構成の
意思決定

負債・資本比率の決定
資金調達方法の決定

③
ペイアウトの意思決定

ペイアウト割合の決定
配当・自社株取得の選択

資本市場サイド

イドになります。第１の領域は事業投資の意思決定です。第２の領域が資金調達・資本構成の意思決定です。そして，第３の領域がペイアウトの意思決定です。以下，順番に説明します。

５ 事業投資の意思決定

まず何よりも大切なのは，事業プロジェクトを財務的に評価・分析し，経営意思決定を支援することです。小売業で新規店舗を出店するケース，製造業で工場を新設するケース，さらには大規模な M&A に関する意思決定などに直面した際に，財務的な評価を行う必要が生じます。

DCF 法（Discounted Cash Flow Method）によって，投資の正味現在価値（NPV：Net Present Value）を推定し，投資を実行すべきか否かを判断するのが，わが国の大企業でも標準的な方法となっています。

　もちろん，財務的な評価だけではなく，競合他社の戦略的行動，長期的な技術動向など，より高次元の経営判断が作用することもあるでしょう。けれども，投資プロジェクトのリスクに見合った割引率（discount rate）を用いて，将来キャッシュフローの割引現在価値合計を推定し，当初の投資額と比べるという思考法の大切さは普遍的です。コーポレートファイナンスですべてが決まるわけではありませんが，そこから得られる数量的エビデンスをベースとして，高次元の判断を下すべきです。

　また経営トップはそれぞれのプロジェクトの財務評価に基づいて，経営資源を配分します。事業のリスク・リターン関係を分析して，全社的な事業ポートフォリオのバランスを考えることも欠かせません。

　さらに近年，成熟化した産業を中心として，M&Aを実施する日本企業が急増しています。M&Aディールに際して，大幅なプレミアムを上乗せすることも珍しくありません。しかし，事業価値評価の視点からは，好ましいことではありません。どんなに優れた経営者であっても，現在の市場価格に大幅なプレミアムを上乗せしては，その投資額を上回るような価値を創出するのは難しいといわざるを得ないでしょう。M＆Aに際しては，ターゲット企業の価値を財務的にきっちりと評価・分析し，その上で高次元の経営判断をすることが求められます。M&Aに関しては第3章で詳しく解説します。

6　資金調達・資本構成の意思決定

　事業投資のNPVがプラスであれば，当該プロジェク

トは実施すべきということになります。第2のステップは，プロジェクト実施のための資金を調達することです。その際には，どのような資金で充当するかを決定する必要があります。内部留保を用いるか，それとも外部資金を調達するか。外部資金の場合，負債調達か，それとも株式調達か。負債調達にも，間接金融の銀行借入と，直接金融の社債発行があります。短期資金か長期資金かという選択もしなくてはなりません。

　その際には，プロジェクトの寿命，成果の不確実性が大きな意味を持ってきます。つまり，比較的短期のプロジェクトなのか，それとも長期プロジェクトなのか。それに応じて，資金調達の意思決定をします。また，プロジェクト成果の不確実性も考慮に入れる必要があります。

　さらに，自社の資本構成（capital structure）も考慮に入れるべき重要な要素です。最近では，中期経営計画の中で，負債／資本の比率（Debt/Equity ratio，D/E レシオ）の目標値を公表している企業も少なくありません。D/E レシオが低い場合には，負債の割合が低水準ですから負債調達を行う余地があります。低金利の続く現在，社債格付が高格付けの日本企業は，低金利での調達が可能になっています。逆に D/E レシオが高い場合には，過度な負債調達は信用リスクを高めてしまうので，株式発行を検討する必要があります。特に長期のプロジェクトで成果が不確実な場合には，株式による資金調達を検討すべきでしょう。資金調達・資本構成に関しては第4章で学びます。

7　ペイアウトの意思決定

　資金調達もできて，プロジェクトが実行され，数年経過して，利益が出るようになった状況を考えましょう。すると，コーポレートファイナンスの第3の柱であるペイアウト（payout）の意思決定をする必要が出てきます。プロジェクトの成果を，資金提供者である株主に還元するわけです（純利益が出ている時点で，負債提供者には既に元利払いが済んでいることを想定しています）。

　還元手段としては，配当による株主への資金還元と，自社株取得（stock buyback, share repurchase）とがあります。配当の場合は，すべての株主に「広く薄く」資金が還元されます。一方で，自社株取得の場合には，企業自身が株式市場で自社株式を購入します。そうすると，株式の売却に応じた株主だけに，売却時点における時価に応じて資金が戻ることになります。つまり，自社株取得は特定の株主だけに，「狭く厚く」資金が還元される手法ということになります。ただし，バランスシートへの影響という意味では，同額であれば，配当も自社株取得も同効果です。現金が減り，財務報告上の内部留保が取り崩されることになります。

　ROE は当期純利益を株主資本で除して計算されます。近年，積極的なペイアウト政策によって ROE 向上を目指す企業も増えています。ペイアウトによる分母削減が短期的効果として ROE 向上につながるからです。ペイアウトに関しては第2章で勉強する予定です。

8　CFOの役割

　近年，企業価値創造の必要性が声高に叫ばれています。それに呼応するように，様々な場面でCFO（Chief Financial Officer）の重要性も強調されるようになってきました。これまでの説明から，コーポレートファイナンスを統括するCFOの果たすべき役割が明らかになってきたことでしょう（**図表序-3**）。

　CEOには会社の方向性の決定，最終的な決断，そして従業員を導くリーダーシップが期待されます。COO（Chief Operating Officer）には，事業運営全体を統括することが求められます。CFOには企業経営全般に関して「カネの視点」から目配りをすることが期待されます。

　既に述べたように，バランスシートの左側，すなわち資産サイドでは，事業投資の意思決定を支援し，経営資源の配分を行います。バランスシートの右側に目を移すと，資金調達・資本構成の意思決定，さらにはペイアウトの意思決定をしなくてはなりません。さらには，投資家との対話が重要視されている昨今では，IR活動の場面において投資家と効果的なコミュニケーションを図ることも要請されます。

　以上の役割を果たすためには，経営学，金融理論，会計学の融合的な知恵が求められますし，決断力やコミュニケーション能力も必要だといえるでしょう。CFOとして活躍する人材には，複合的な能力が求められているのです。

図表 序-3：CFO の位置づけ

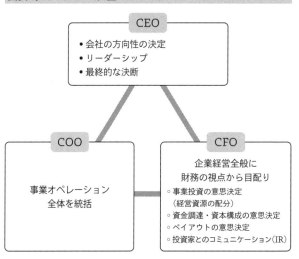

［Ⅰ］
なぜ，日本企業の利益率は低いのか?

1 ローリスク&ローリターン国家日本

ローリターンの日本企業

　まずは基本的な事柄からはじめましょう。ここでの期待リターンとは，利益や利益率，キャッシュフローの将来の期待値のことを指します。ただし，将来のことは分からないので，過去の時系列平均値をもってして計測することも多いです。

　日本企業の利益率が国際的に見て低水準にあることは周知の事実です。さまざまな場所で議論されています。リーマン・ショックの時期を入れると，かなりデータの上げ下げがあるので，まずはそれ以前のデータで確認してみましょう。

　1985年から2006年までの上場企業の平均ROEは，米国企業が10.5%，ドイツ企業が7.8%，フランス企業が10.3%，イギリス企業が9.5%です。それに対して，日本企業は5.0%に過ぎません。これは21年間の平均値ですから，異常値とは言えませんし，会計基準の変更や特殊な要因の影響も弱いでしょう（中野［2009］）。日興アセットマネジメントの神山直樹氏による1995年から2012年までの計測値によっても，日本のROE平均値3.60%，米国11.44%，欧州10.03%と報告されています（神山［2013］）。

　最近のデータとして，伊藤レポート（2014）が2012年の国際比較データを示しています。日本は全体で5.3%です。それに対して，米国は22.6%，欧州は15.0%

図表 1-1：ROE の国際比較（2012 年）

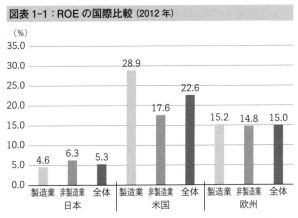

出所：経済産業省「持続的成長への競争力とインセンティブ〜企業と投資家の望ましい関係構築〜」プロジェクト（2014）『最終報告書（伊藤レポート）』

図表 1-2：日本企業の ROE の推移

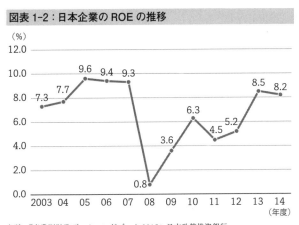

出所：『産業別財務データハンドブック 2015』日本政策投資銀行

です（**図表 1-1**）。日本企業の ROE 水準は欧米の 3 分の 1，4 分の 1 ですから，「ローリターン」であることは紛れもない事実です。日本企業の収益性，リターンは低いのです。

　図表 1-2 は日本政策投資銀行が集計している上場企業の ROE の時系列データをグラフ化したものです。残念ながら過去 11 年の間，日本企業の平均 ROE が 10％を超えたことは一度もありません。

隠れたローリスク

　「なぜ，日本企業の利益率は低いのですか？」という質問を受けることが多いのも事実です。実はそこには，いくつかの要因が隠されています。ここでは，これまで看過されてきた視点を提示したいと思います。それは，「日本企業のローリターンの原因は，ローリスクにある」というものです。

　リスクというと，何か悪いことが生じる可能性だと考える人が多いかもしれません。確かに日常用語ではそうでしょう。ダウンサイドリスクのみを想定して，リスクと呼んでいるわけです。

　しかしファイナンスの世界では，時系列での上下のブレ度合いを指します。時系列での標準偏差で計測します。そのため，日常用語で使われるダウンサイドリスクだけでなく，アップサイドリスクも含まれます。ボラティリティと呼ばれたりもします。皆さんも聞いたことがあるかもしれませんね。

> ファイナンスの世界では，リスクとは時系列での上下のブ
> レ度合いを指す

　実は，日本企業の利益率の時系列ボラティリティは非
常に小さいのです。**図表 1-3** はニューヨーク大学の
Viral Acharya 教授らが世界の経済先進諸国 38 カ国の
ROA（総資産利益率）の時系列ボラティリティを計測
した調査からの一部抜粋です。

　アメリカ，トルコ，カナダ，オーストラリアなどの時
系列ボラティリティが突出している点が明らかです。ア
メリカの場合，ナスダック公開企業など業績が不安定な
企業が多く，損失計上企業割合が高い点が影響していま
す。

図表 1-3：ROA の時系列ボラティリティ（リスク）の国際比較

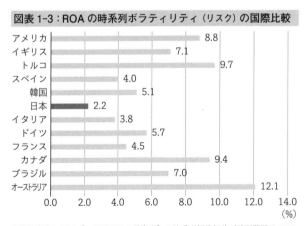

産業調整済み ROA ［＝ EBITDA ／総資産］の時系列標準偏差（計測期間は 1992-
2005 年）

出所：Acharya, V. V., Y. Amihud and I. Litov, "Creditor rights and corporate risk-
taking." *Journal of Financial Economics* 102（1）: 150-166. 2011.

オーストラリアあるいはカナダの場合には，天然資源・鉱物関連の上場企業が相対的に多く，業績の時系列の上下動が激しいことが原因だと思われます。オーストラリア経済は天然資源への依存度が高いことで知られています。輸出に占める鉱業の割合は 2014 年には約 56％です（世界銀行，OECD 調べ）。資源価格の乱高下，また主な輸出先である中国の経済動向からも大きな影響を受けています。

　さて，このグラフで驚愕すべきは日本です。日本は世界 38 カ国中，利益率の時系列ボラティリティが最も低いのです。この数値が低いということは，利益率のブレが小さいということを意味します。ROA が高くなることも少ないが，下振れも小さい。読者の皆さんも，日本企業の業績が安定しているということは，直感的に感じていると思いますが，安定度が世界一だという事実は，驚き以外の何物でもないでしょう。

　日本企業は「世界で一番リスクが低い」のです。経済の基本原則に従えば，ローリスクはローリターンをもたらします。日本企業の「低収益性」という事実の裏側には，「低リスク」というもう 1 つの特性が隠されているのです。指摘されることは多くありませんが，決定的に重要な事実です。見過ごしてはいけないでしょう。低収益性だけに目を奪われていては，事の本質を見誤ります。

> 日本企業はローリスク ＝ ローリターン

2　リスク・リターンで国別マッピング

　ここまでの説明で，日本企業は「ローリスクかつロー
リターン」だということがお分かりいただけたかと思い
ます。「ローリスクとローリターン，ハイリスクとハイ
リターンの組み合わせは，経済原則的に当たり前ではな
いか」と考える方もいるでしょう。そのとおりです。鋭
い洞察力をお持ちです。日本企業の低収益性を指摘する
論調が多いようですが，ローリスクが指摘されることは
稀です。

　「日本企業はローリスクだから，低収益でもよいので
はないか？」　こんなことを考えられた方がいたら，か
なり筋が良いです。ローリスクでハイリターンを得られ
ることは通常は考えにくいでしょう。

　「アングロサクソン諸国の収益性が高いのは，リスク
が高いからではないか？」　こんな予想を立てる人がい
たら，かなりの上級者です。

　この考え方をもう少し掘り進めてみましょう。標準的
なファイナンス理論の教えに従えば，ハイリスク投資は
ハイリターンをもたらし，ローリスク投資はローリター
ンと関係があります。そこで，国別のリスク＝リターン
関係をマッピングすることで，両者の関係を捉えなおし
てみたいと思います。

　国ごとのリスクとリターンを考えるに際して，国全体
を代表するものとして，中央値に着目します。リターン
としては，リーマン・ショックの前まで，すなわち 1985
年から 2006 年までの 22 年間について，ROE 中央値の

時系列平均値を採用します。一方，リスク計測の方法は多数考えられますが，ROE 中央値の 22 年間の時系列の標準偏差を計測してみます。

これらを ROE に関するリスクとリターンの組合せとして，国別にマッピングします。一般にファイナンス研究では株式投資収益率のリターンとリスクを分析し，「リスク - リターン平面」を描くことが多いのですが，ここでは会計上の利益率のリターンとリスクを分析することになります。

図表 1-4 の国別マッピングを見ると，カナダ，イギリス，オーストラリアが若干，離れた位置にあります。それ以外の 6 カ国はきれいに，右上がりのラインに位置しています。予想通りにリスクとリターンは連動しているのです。リターンだけを高めることはできないので

図表 1-4：国のリスク＝リターン関係（ROE）

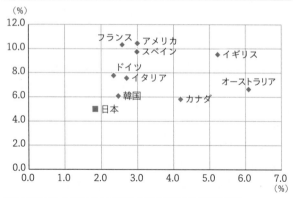

横軸：1985 年から 2006 年まで各年の ROE 中央値の時系列標準偏差
縦軸：1985 年から 2006 年まで各年の ROE 中央値の時系列平均値
出所：中野誠『業績格差と無形資産』東洋経済新報社，2009 年

す。イギリスは，AIM（Alternative Investment Market）
と呼ばれる成長企業向けの新興市場整備によってリスク
が高まっていますが，リターンも高い。しかし，カナダ
とオーストラリアは，リスクだけが高く，リターンが伴
っていない状況です。オーストラリアのリターンは韓国，
イタリア，ドイツと相対的に近い水準ですが，リスクは
2倍以上大きいのです。

3　リスク調整済みリターンで比較

　一般にROEなどの利益率を議論する時，リターン（平
均値）ばかりが議論されています。それだけでは，本質
は見えてきません。同時に，リスク（ブレ度合い）にも
目配りしなくてはなりません。そこで，「リスク調整済
みリターン」という考え方の登場です。リターンをリス
クで除して計ってみるとよいでしょう。

リスク調整済みリターン ＝ （リターン）÷（リスク）

　通常，ファイナンスの研究では，リターンの大小を議
論する際には，「リスク調整済みリターン」を比較する
のが標準的です。ポートフォリオのパフォーマンス測度
としては，ポートフォリオリターンと安全利子率の差を
ポートフォリオの標準偏差で除した「シャープレシオ」
が代表的です。たとえリターン水準が高くても，リスク
が高い場合には，当該リスク分を調整するためです。そ
の考え方を援用して，会計上のリターンをリスクで除し
てグラフにしたのが図表1-5です。

　ここで際立っているのは，イギリス，カナダ，オース

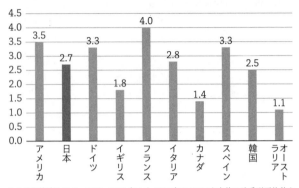

図表 1-5：リスク調整済リターン (ROE)

リスク調整済みリターンは，1985 年から 2006 年の ROE 中央値の時系列平均値を
時系列標準偏差で除した数値。
出所：中野誠『業績格差と無形資産』東洋経済新報社，2009 年

トラリアのリスク調整済みリターンが低い点です。これ
らの国では，リスクに見合うだけのリターンが得られて
いないのです。

　日本に関してコメントするならば，従来は ROE や
ROA の水準の低さだけが指摘されてきました。けれど
もリスクの低さまで考慮に入れるならば，リスク調整済
みリターンは決して低くありません。日本の低利益率が
問題視されることも多いのですが，リターンを向上させ
ようとすれば，それに見合ったリスクを許容しなくては
なりません。リスクは一定のままに，リターンだけを向
上させていくのが困難なのは，ファイナンス理論の指摘
を待つまでもないわけです。

　すなわち，**図表 1-4** 上で，垂直方向に移動するのは
無理な話なのです。昨今，ROE 向上を目的に，増配・

自社株取得という選択肢を採用して，財務レバレッジを上げている日本企業が増えていますが，そのような選択肢をとれば，必然的にリスクが高まって右側に引っ張られるのです。財務諸表分析などで学ぶことの多い，財務レバレッジ効果を思い起こせば想像できるでしょう。巨額のペイアウトで自己資本を半分にすれば，瞬間的にはROEが2倍に上昇します。けれども，同時にリスク上昇という副作用をも抱え込むことを忘れてはいけません。

「アングロサクソン諸国は利益率が高い」というのが，従来の定式化された事実です。しかし，リターン水準だけを計測していては，決して見えてこない風景がここにあるのです。これらの国は，ハイ・リスク＝ハイ・リターンなわけです。アングロサクソン諸国のROEのリスク（バラツキ）は大きい。カナダ，オーストラリア，イギリスに至っては，高いリスク水準に見合うだけのリターンも得られていません。

繰り返しになりますが，垂直方向には移動できないのです。移動可能な方向は，右上方です。レバレッジを上げれば，リスクも高まります。第4章で学ぶ「MM第2命題」などの企業財務理論も，そして長期データも，それを示していることを忘れてはなりません。

4　中期経営計画と目標ROE

ここまでの説明から，リスクが低ければリターンは低くなることがお分かりいただけたことでしょう。次に中期経営計画の中で多くの企業が掲げている目標ROEについて考えてみましょう。竹之内社長も関心をお持ちの

ことでしょう。企業でインタビューをしていると，

「多くの会社がROE10％を目標としているから，うちも10％にしておこう」

「数字のキリが良いから，10％が適当ではないか」

というような声を耳にすることも少なくありません。しかし，よく考えてみてください。相対的にリスクが高い業界に属するA社，リスクが低い業界に属するB社では事情が異なるのではないでしょうか。

例えば，業績ボラティリティの高い業界として，工作機械業界があげられます。景気が良くなりそうだというマクロ経済に関する予測が出てくると，多くの企業が工作機械メーカーに発注をかけます。当然，A社の売上や利益が急上昇します。ところが，景気が冷え込みそうだという見方が出始めると，各社いっせいに発注を控えます。A社の売上も利益も急降下を始めます。つまりA社の事業リスクは極めて高いのです。IT業界，ゲーム業界，建設業界なども同様です。

一方，食品業界に属するB社の業績は安定的です。マクロ経済の状況に左右される程度は小さいといえるでしょう。景気が良いからといって食品の売上が急増することもありませんが，逆に景気が冷え込んでも食品の売上が急降下することもありません。B社の事業リスクは低いわけです。食品業界だけでなく，飲料業界，製薬業界なども事業リスクが低い典型的なセクターと考えられています。

リスクとリターンの関係から考えると，A社はハイリスクですからハイリターンを期待されます。その一方で，B社はローリスクですから期待されるリターンは小さい

はずです。

　このことが示唆する経営上のヒントは，次のとおりです。中期経営計画の目標 ROE は，事業リスクに応じて変えるべきだということです。他社の多くが「目標 ROE は 10％です」と掲げているからといって，自社も横並びに 10％に設定すべきだということにはなりません。ローリスク企業に期待されるリターンは低いのです。逆にハイリスク企業の場合には，平均よりも高い目標 ROE を掲げる必要があるかもしれません。いずれにせよ，自社の事業リスクの水準に応じて，市場が期待するリターンも変化してくるという点を理解しておいてください。

> 中期経営計画の目標 ROE は，事業リスクに応じて変えるべき

　これまでじっとレクチャーを聞いていた竹之内社長が口を開いた。

　「ここまでのお話は大変分かりやすくて，直感にも合っています。でも，市場が期待するリターンというのは，どうやって計るのでしょうか？」

　「さすがは社長。実に良い質問です。次にそれを説明しましょう」

5　目標 ROE の設定方法

　目標 ROE を設定するためには，株式市場が期待しているリターンを知る必要があります。A 社に投資している株主は慈善事業としてではなく，何かしらの期待を持

って投資しているわけです。それが期待投資収益率です。詳しくは日経文庫シリーズの『コーポレート・ファイナンス入門』（砂川伸幸）を参照して欲しいのですが，ここで簡単に説明をしましょう。

　あなたが，A社の株主だと仮定しましょう。どのくらいのリターンを期待しますか。日本国債（Japanese Government Bond：JGB）よりは高いリターンを期待しますね。JGBは基本的にはリスクフリーだからです。では，JGBにどれくらいのパーセントを上乗せして投資リターンを期待しますか？

竹之内「会社のリスクによりますね」
中　野「そのとおりです」
令　子「知っていますよ。有名なCAPMですよね」
中　野「そのとおり。ゼミで詳しく勉強しましたよね」
令　子「でも，忘れてしまいました……」

　資本資産価格モデル（Capital Asset Pricing Model：通称CAPM）は，以下のとおり定式化されています。

株式期待収益率 =
$$\begin{pmatrix} リスク・フ \\ リー・レート \end{pmatrix} + (株式ベータ) \times \begin{pmatrix} 株式市場リス \\ ク・プレミアム \end{pmatrix}$$
$$\quad Rf \qquad + \qquad \beta \qquad \times \qquad MRP$$

株式市場リスク・プレミアム =
$$\begin{pmatrix} 市場ポートフォリオ \\ の期待投資リターン \end{pmatrix} - \begin{pmatrix} リスク・フ \\ リー・レート \end{pmatrix}$$

　リスク・フリー・レートは先ほど説明したとおり，JGB の利回りでいいでしょう。株式市場リスク・プレミアムというのは，リスクのある株式に投資する見返りとして投資家が期待するリターンです。具体的には，市場ポートフォリオの期待リターンからリスク・フリー・レートを控除したものです。つまり，株式市場全体のポートフォリオ（日経平均あるいは TOPIX 等）を購入した場合に，リスクのない国債を上回るプレミアムをどのくらい期待するかという部分になります。

竹之内「JGB 利回りが 1％だとして，株式市場リスク・
　　　　プレミアムが 6％だとすると，合計 7％ですか。
　　　　うーん，そうなると，それぞれの会社の特性は
　　　　どうなりますか」
令　子「株式ベータっていうのは，企業ごとに異なるん
　　　　ですよ。そこで，企業のリスクが反映されてく
　　　　るはずです」

　そのとおりです。「株式ベータ＝ 1」の企業というのは，市場ポートフォリオの市場価格が動いた時に同じような水準で株価が連動する企業です。日経平均が 3％上昇したら，その会社の株価も 3％上昇するわけです。ここが出発点です。「株式ベータ＝ 1.5」の企業の株価は市場全体の動きが 1.5 倍に増幅されて上下動します。一方で，「株式ベータ＝ 0.5」の企業はリスクが低く，市場が 3％動いても半分の 1.5％しか株価が動かないような企業です。企業ごとに株式ベータが違っていて，それで当該企

業に対する期待収益率が変わってくるわけです。

中　野「社長の会社の株式ベータはどのくらいか，ご存
　　　　知ですか？」
竹之内「それは CFO から聞いていますが，いまは 1.2
　　　　だそうです」
中　野「令子さん，じゃあ計算してください」
令　子「はーい。期待リターン ＝ 1% ＋ 1.2 × 6% ＝
　　　　8.2%だから，8.2%です！」

　そうですね。簡単ですね。これが社長の会社に対して
投資家が期待しているリターンです。つまり，最低限稼
ぐことが期待されているリターンというわけです。です
から，簿価と時価で若干の差異はありますが，おおよそ
の目安として，この 8.2%を最低水準として目標 ROE
を社内で決めていけば良いわけです。

竹之内「先週，朝食勉強会の席で，隣りに座った食品会
　　　　社の社長さんが，株式ベータが0.5って言って
　　　　ました。そうすると，あそこの会社は，1% ＋
　　　　0.5 × 6% ＝ 4%。4%でよいんですか！」
中　野「食品会社さんですから，事業リスクが低いです
　　　　よね。売上も利益も極めて安定的ですから，
　　　　4%で良いのです。実際には財務レバレッジも
　　　　株式ベータに影響を与えるのですが，その問題
　　　　は後日にしましょう」
竹之内「なるほどね。よく理解できました」

6　世界資源メジャーの ROE ボラティリティ

　利益率ボラティリティの高い企業として，世界の資源メジャーの例を紹介しましょう。

　資源メジャーとは，鉱工業において幅広い種類の資源を扱い，採掘，精製，製品化などの権益を押さえ，膨大な生産量と埋蔵量を誇る巨大な企業を指します。その中でも特に BHP Billiton 社，Rio Tinto 社，Anglo American 社は資源の「三大メジャー」と呼ばれています。Anglo American 社はその傘下に，世界的なダイヤモンド会社 De Beers Group を抱えていることで有名です。その他には，ブラジルの Vale 社，スイスの Glencore 社なども資源メジャーとして知られています。

　図表 1-6 は BHP Billiton 社の長期 ROE の推移です。

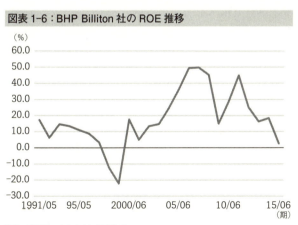

図表 1-6：BHP Billiton 社の ROE 推移

出所：公表データをもとに筆者作成

同社はいわゆる二元上場会社（dual-listed company）です。オーストラリアの BHP Limited とイギリスの BHP Billiton Plc はそれぞれオーストラリア証券取引所（ASX）とロンドン証券取引所（LSE）では別個に取引され，別々の株主集団を持っていますが，同一の取締役会と単一の経営構造により単一の事業体として営業されています。

1991 年から 2015 年までの 25 年間の平均 ROE は約 18％と高水準です。ところが，グラフを見て一目瞭然ですが，ROE の時系列のボラティリティが非常に大きいことが分かります。典型的なハイリスク・ハイリターン型の企業と言えるでしょう。

1999 年には −22％の大赤字です。一方で 2002 年以降は，資源価格の高騰の波に乗り，2006 年には 49.5％，2007 年には 49.8％，2008 年には 45.3％と異常なまでのパフォーマンスをたたき出しています。その後の乱高下を経て，2015 年は資源価格の下落によって 2.7％と苦境に喘いでいます。このような高い事業リスクを反映して，同社の株式ベータは約 1.3 という高水準にあります。

7　現金保有と資本生産性

さて話を日本に戻しましょう。日本企業がローリスクでローリターンの状態にある理由はなんでしょうか。その要因の 1 つとして，多額の現金保有が考えられます。近年，東京証券取引所に上場している企業の約半数は実質無借金状態にあります。リーマン・ショック後，多く

の企業が事業投資とペイアウトを同時に控えることで，現金保有残高を高める傾向にあります。

　ジョージタウン大学の Pinkowitz 教授らによる現金保有の国際比較をした研究によれば，世界 35 カ国のうちで，総資産に占める現金及び有価証券の比率が最高水準にあるのは，16.0％の日本です。その一方で，アメリカの同比率は 4.4％に過ぎません（**図表 1-7**）。個々の企業を見れば状況は異なるとはいえ，平均的に見ると日本企業は世界で一番キャッシュ・リッチ状態にあります。

　貸借対照表上のキャッシュの増加は企業全体の事業リスク低減効果を有します。先述の時系列リスクと密接に関連しているのです。日本企業が世界一キャッシュ・リッチであり，同時に ROA ボラティリティが世界最低水

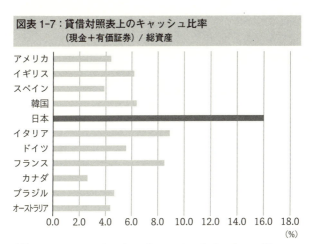

図表 1-7：貸借対照表上のキャッシュ比率
（現金＋有価証券）／ 総資産

出所：Pinkowitz, L., R. Stulz, and R. Williamson, "Does the Contribution of Corporate Cash Holdings and Dividends to Firm Value Depend on Governance? Across-country Analysis," *The Journal of Finance*, 61（6）: 2725-2751. 2006.

準にあるという点は，これまで明示的には提示されてこなかった論点です。

　超低金利の時代に，現金の価値はインフレ・リスクを除けば，基本的には無リスクです。無リスクの現金を多量保有している日本企業のリスクが低水準にあるのは，ある意味で整合的です。

　現金を投資プロジェクトにつぎ込んだ場合，当該プロジェクトは一定水準のリスクを持ちます。しかし，事業投資をせずに，現金を社内に「死蔵」するならば，その部分は無リスクとなります。**図表 1-8** はその状態を示しています。

　この会社は，資産の半分をある投資プロジェクトにつぎ込んでいます。本業のリスクは 15% です。一方，資産の半分は余剰現金として保有しています。現金のリスクは 0% です。すると，会社全体の平均リスクは 7.5% となります。

図表 1-8：現金保有のリスク低減効果

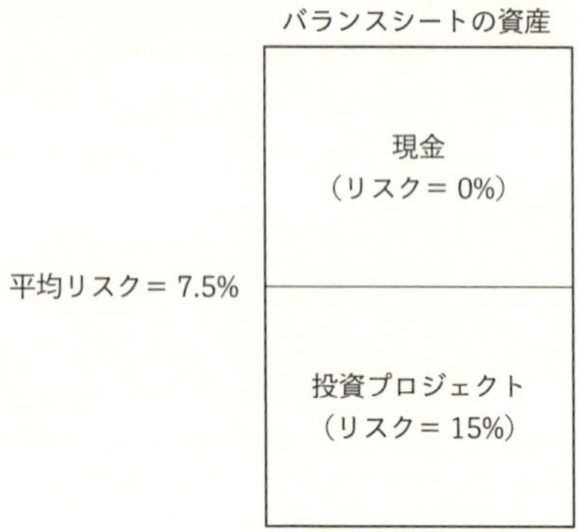

バランスシートの資産

現金
（リスク＝ 0%）

平均リスク＝ 7.5%

投資プロジェクト
（リスク＝ 15%）

会社全体の平均リスク ＝ 1/2 × 0％ ＋ 1/2 × 15％ ＝ 7.5％

現金を保有していることがリスクを低減させます。ゆえに，事業の多角化を進めていない専業企業，事業リスクが極めて高い企業が現金を保有するのは，財務的破綻を回避するという意味では，経済的な合理性があると考えられます。企業財務の思考方法は，このようなメガネを提供してくれます。

図表1-9は日本企業の実際の現金保有の状況です。

日本経済は2002年第3四半期から2007年第2四半期までの20四半期にわたり，円安傾向の追い風もあり，「戦後最長の景気回復」を続けていました。その間，企業の保有現金は右肩上がりでした。その後のリーマン・ショックの際には，いったん減少します。

図表1-9：現金を積み上げる日本の事業会社

3月末決算の日本の全上場企業が対象。
　現預金対総資産比率 ＝［現金・預金］/ 総資産 × 100（％）
出所：日経 NEEDS Financial QUEST 2.0 より筆者作成

問題はその後です。2009年以降，日本企業の現金保有は再び，上昇に転じるのです。総額で55兆円を超え，［現金・預金／総資産］の比率は20％に迫る勢いです。この点に関して資本市場では，日本企業は余剰現金を持ちすぎではないのか，株主還元を増やすべきという議論が展開されています。

8　100億円は誰が持っていても 100億円なのか?

　企業の保有現金をめぐっては，世界的にファイナンス分野における研究の蓄積が始まっています。現金保有の決定要因，保有現金の価値評価などです。その一方で企業経営の現場でも，保有現金をめぐっては，投資家と経営者の攻防が続いています。

　保有現金の価値評価という問題は，当たり前すぎると思われてきたのか，従来は等閑視されてきました。代表的な企業価値評価モデルでは，FCF（フリー・キャッシュフロー）の現在割引価値合計を算出した後，余剰現金・有価証券を加算して，企業価値合計を算出することになっています（詳細は，『はじめての企業価値評価』（日経文庫，砂川伸幸・笠原真人）を参照してください）。

　これらの評価モデルには暗黙の仮定があります。それは，保有現金の価値に関する同質性です。どの企業が持っていようが，キャッシュはキャッシュであり，1円は1円，100億円は100億円の価値があるという仮定です。しかし本当にそうでしょうか。

　ここでの思考のヒントは，「時間軸」にあります。いますぐ企業を解散すると想定した場合の「清算価値」と，

企業は未来に向かって長期的に続くと想定した場合の
「ゴーイング・コンサーン価値」は一致しません。解散
すると想定した場合，会計の貸借対照表上に簿価100
億円で計上されている現金100億円は，100億円の経
済的価値を持っています。当たり前ですね。ところが，
企業が長期的に存続すると想定した場合，この現金100
億円の経済的価値は使用者によって変化してくるのです。
どういう意味か分かりますか？

　100億円の現金を使用して，顧客から熱烈に支持され
るような製品・サービスを提供する企業の場合，当該
100億円は300億円の価値があると株式市場参加者に
評価されることもあります。その一方，まったく利益が
出ない事業しか保有していない企業の場合，保有現金
100億円が50億円としてしか評価されないこともあり
ます。会計上すなわち貸借対照表上の価値と，市場評価
される価値とは一致しないことが多いわけです。この点
は要注意です。

　株価純資産倍率（PBR）を考えれば，イメージが湧き
やすいかもしれません。会計上の純資産が100億円でも，
株式時価総額は300億円の企業もあります。PBR＝3
倍です。この企業は，いま会社を解散する場合，100億
円のネットバリューしかありません。けれども，製品・
サービスに競争優位性があり，純資産の3倍の価値が
あると評価されているわけです。この会社が保有してい
る現金は，会計上の額面よりも高く評価できるわけで
す。

　企業財務の研究の世界でも，同様の事柄が発見されて
います。2つほど紹介しましょう。

1つめはミシガン大学の Dittmar 教授らによる研究です（Dittmar 他［2007］）。彼らは，コーポレート・ガバナンスの優れた企業と脆弱な企業とで，現金の価値を比較し，コーポレート・ガバナンスが企業価値に与える影響について分析しました。

　ガバナンスの悪い企業の場合，現金がエージェンシー問題の源泉となる可能性が高いことから，市場はこのような企業が保有する現金の価値を額面以下で評価するものと推測することが可能です。彼らは，1990年から2003年までの米国企業1,952社を対象として，現金の真の経済的な価値についての推計を行いました。その結果，コーポレート・ガバナンスの脆弱な企業が保有する現金の価値は，1ドル当たり0.42〜0.88ドルであるのに対して，ガバナンスが優れている企業の現金価値は1.27から1.62ドルである点を報告しています。

　2つめはジョージタウン大学の Pinkowitz 教授らによる研究です。彼らは，企業特性の異質性と現金の経済的価値に着目した分析を行っています。1965年から2004年までの米国企業を対象として，手元流動性資金（現金及び有価証券）に対する市場の評価を推計しました。その結果，現金は平均的には額面で評価されているものの，企業間の差異は大きかったのです。例えばコンピューター・ソフトウェアや製薬などの成長産業では，現金は額面以上で評価されています。その一方で，43の産業のうち15産業では額面以下で評価されています。

　つまり，魅力的な成長機会を持つ企業の現金の価値は額面以上に評価される傾向があります。ところが，キャッシュフローが安定的であり成長機会が限定されるよう

な成熟企業が保有する現金の経済的価値は額面よりも小さく評価されているのです（Pinkowitz 他 [2007]）。

　要するに，企業が保有する現金の経済的価値はすべての企業にとって同価値ではありません。「誰が持っているか」「どの企業が保有しているか」によって，その価値が異なるものと，市場では評価されているのです。みなさんの会社はいかがでしょうか。

　これは，もしかすると私たち個人についても当てはまる議論かもしれません。80歳のシニア層が所有している500万円と，20歳の大学生が所有している500万円では，活用できる時間軸まで含めて考えると経済的価値が違うのかもしれないのです。

> 持ち主によってキャッシュの経済的価値は異なることもある

　今週のレクチャーは以上で終了です。また来週土曜日にお会いしましょう。

[Ⅱ]

ペイアウトか成長投資か

中　野「第 2 週目の授業を始めます。今日はペイアウトに関する竹之内社長の疑問を一緒に考えていくことにしましょう」

竹之内「よろしくお願いします」

令　子「センセイ，初歩的なところからお願いします」

中　野「それでは竹之内さん，まずは素朴な疑問からお願いします」

竹之内「はい。まず，増配を要求する株主様がいらっしゃいますが，そもそも配当をすると株主は得をするのでしょうか？」

令　子「おじさん，それ当たり前だよ。配当もらったら，うれしいに決まってるじゃない」

中　野「うーん，令子さん。大学時代，ちゃんと勉強してたのかなぁ」

令　子「え？　センセイ，そのつもりですが……。よく分かりません！」

中　野「令子さん，本当に投資銀行部門で働いているのですか？」

令　子「……」

1　基本としての MM 配当無関連命題

「企業が配当をすると株主は得をするのか？」

これは，本質的な質問です。分かりやすく説明するために，仮設例を使います。以下のような X 社を想定します。余剰現金が 100 億円，事業資産の現在価値が 100 億円。これがバランスシートの左側です。分かりやすくするために負債は無しとします。

　すると，株主価値は 200 億円です。発行済み株式数は 1 億株です。1 株あたりの現在価値は 200 円となります。なお，ここでのバランスシートは会計上のものではありません。すべて現在価値で表示されていると考えます。また，株式市場の評価も適正であるとします。

　さてここで，X 社は余剰現金の半分，つまりは 50 億円全額を配当に回すことにしました。1 株あたりでいうと 50 円の配当です。さて，X 社の株価は上がるでしょうか？

令　子「そんなに巨額の配当をしたら，株価は上がると思います」

中　野「ふーん」

令　子「え？　下がるのですか？　センセイ，あ，変わらない！」

中　野「社長，どう思いますか」

竹之内「財務のことは分かりませんが，株主は配当をも

図表 2-1：配当前のバランスシート

現金 100 億円	株主価値 200 億円
事業資産 100 億円	発行済み株式 総数＝1 億株

［1 株当たり株価＝200 円］

らえてうれしいかもしれませんが，内部資金が半分に減るんですよね。そうしたら，株主は得するだけではないような気もします」

　そのとおりです。バランスシートの変化を見てみましょう。資産サイドは余剰現金50億円，事業資産100億円になります。バランスするわけですから，右側は150億円に減ります。発行済み株式数が1億株ですから，1株あたりの株式価値は150円に下がります。

　株主は損をしたのでしょうか。そうではありません。たしかに，会社の内部に残存している価値は，150億円（1株当たり150円）です。ですが，配当として自分のポケットに50億円（1株当たり50円）が転がり込みました。株主の富は合計すると200億円（一株当たり200円）で変わらないわけです。すなわち，配当として現金が流出する分だけ，会社内部に残存する価値は低下するのです。

　これは有名な「MMの配当無関連命題」として知られています。配当に相当する分だけ株価が下落するため，

図表 2-2：配当後のバランスシート

現金 50億円	株主価値 150億円
事業資産 100億円	発行済み株式 総数＝1億株

［1株当たり株価＝150円］

「ペイアウトは株主の富に影響しない」という命題です
（Miller and Modgliani［1961］）。

　配当をして株価が上昇するのであれば，どんどん配当
すればよいわけです。こんなに簡単なことはありません。
現在保有している余剰現金だけでなく，事業資産も売却
して配当していく。それでも株価は上昇するでしょうか。
株価は上昇しません。最後には会社は消滅してしまいま
す。資産が流出して，消滅してしまうのに，株価が上昇
し続けるなんていうことはないわけです。

MM 配当無関連命題：ペイアウトは株主の富に影響しない

竹之内社長はすっきりしない顔で，首をかしげている。
「先生，なんだか狐につままれている気分です。配当
すると株価は下がるというご説明ですが，現実問題とし
ては，株価が上昇することもあります」

　さすがに竹之内社長は鋭い。技術畑の出身で財務は分
からないというが，直感が冴えている。次のステップに
進もう。

2　配当のシグナル効果とは何か?

　MM の配当無関連命題は理論ですから，いくつかの
前提の下で議論が展開されています。具体的には次の 3
つです。

● 企業のペイアウト政策が追加的情報をもたらすことは
　ない
● 株式市場は完全市場状態（税金，取引コストは存在し

ない）

●経営者は株主価値を毀損するような行動は選択しない

　この中で，特に最初の前提が関連してきます。所有と
経営が分離されている現代の大企業を想定しますと，経
営者と株主の間には情報の非対称性が存在します。経営
者は日々，事業に従事しているため企業に関する豊富な
内部情報を有しています。将来の業績見通しなどの情報
です。

　一方，分散的に存在している株主は企業の内部情報と
いう点では，情報劣位にあります。経営者が情報優位に
あるわけです。もちろん，株主総会での議論，会計ディ
スクロージャーなどを通じて情報を獲得することはでき
ますが，それでも限定的です。

　さて，ここで最初の前提に戻ります。すなわち「企業
のペイアウト政策が追加的情報をもたらすことはない」
です。これは，企業が配当したとすると，それは単純に
現金の流出であって，それ以外の情報は投資家に流れる
ことはないと仮定しているのです。もしそうであるなら，
配当をすると株価は下落します。

　しかし，現実はどうでしょうか。企業が配当をすると
いうこと自体に，経営者側の意図ないしはシグナルが隠
されていることはないでしょうか。大幅な増配をしたと
します。将来の業績に自信がある場合に増配する経営者
は少なくないでしょう。増配は「将来業績に関する経営
者の自信」という追加的情報をもたらすことがあるでし
ょう。これは「配当のシグナル効果（signaling effect）」
と呼ばれたりします。このような場合，株価が上がる

ケースもあります。

　先ほどの図に戻りましょう。配当 50 億円が現金として流出します。この時，事業資産の価値が不変ではないかもしれません。この配当政策が経営者の将来業績に関する強気のシグナルと捉えられると，どうなるでしょうか。

　当該事業の売上，利益などの向上が期待されます。すると，事業資産の価値評価がそれまでの 100 億円から 120 億円にアップするかもしれません。事業資産の価値は会計学的には上方改訂されませんが，DCF（Discounted Cash Flow）で考える企業財務的には上方改訂され得ます。資産の経済的な価値を評価するためです。

　その結果，株主の富はどうなるでしょうか。まず，配当として 50 億円（1 株当たり 50 円）を手に入れます。企業内部に残っている価値は，170 億円（一株当たり 170 円）です。

株主の富 = 配当 50 億円 + 株式価値 170 億円 = 220 億円

図表 2-3：シグナル効果で事業資産評価が上方改訂される場合

現金 50 億円	株主価値 170 億円
事業資産 120 億円	発行済み株式 総数＝1 億株

［1 株当たり株価＝170 円］

となります。この場合，現金流出分50億円は株価低下要因ですが，事業資産価値の向上による20億円は株価上昇要因になっているわけです。この20億円部分がシグナル効果と言えます。もちろん，50億円は配当としてポケットの中にあります（税金などは考慮外）。全体としては，株主は事業資産価値上昇の20億円分だけ富を増やしているわけです。

　逆に配当による価値減少分を大きく下回って，株主価値が下落することもあります。会社名を出すことは控えますが，私はそのような事例を実際に目にしたことがあります。株主からの配当圧力に応じる格好で，大幅に増配することを発表したものの，発表直後から株価が大幅に下落したのです。配当による現金流出分を超えて，大幅に株価が下落したのです。

　この場合にも，「企業のペイアウト政策が追加的情報」をもたらしました。ただし，ネガティブな情報です。つまりは，「この会社には魅力的な投資先がないのかな」というように株式市場から解釈されたわけです。

3　FAQ：「最適な配当政策は存在するか?」

中　野「お二人とも，分かりましたか」

令　子「MMの配当無関連命題，シグナル効果。もうバッチリ覚えました」

竹之内「よく理解できました。先生，最適配当理論というのはないのでしょうか。もしもあれば，教えてもらえると助かるんですが……」

中　野「社長，残念ですが，最適な配当政策に関する理
　　　　論はありません。このことを次に考えてみまし
　　　　ょう」

　かれこれ10年ほど前，某製薬会社のCFOが私の研
究室を訪問されたことがあります。最適な配当政策を決
定する理論があれば教えてほしいというご質問でした。
残念ながら最適配当政策の理論がないことをお伝えする
と，ガッカリされて帰られました。どういうことでしょ
うか。配当はたくさんするほうがよいのか，それとも少
ないほうがよいのか。

サンゲツの増配

　ここで，実際の事例をもとに考えてみましょう。第1
のケースは，インテリア大手のサンゲツです。
　同社は2014年11月7日金曜日にいささか衝撃的な
配当政策を発表しました。2017年3月期までの3年間
で純利益の100％以上を配当や自社株買いで株主に配分
することにしました。当期純利益だけでなく，過去に蓄
積してきた内部留保からも株主に資金還元するという発
表です。目的は株主への利益配分の強化，自己資本の圧
縮によりROEを向上させることでした（日本経済新聞
2014年11月8日）。
　配当性向を100％以上にするということで，注目を浴
びました。11月7日金曜日の株価終値は2,703円でし
たが，週明け11月10日月曜日の終値は3,205円と
18.6％も上昇しました。企業が重要なアナウンスを金曜
日に行うことはよくあることです。週末を挟んで，投資

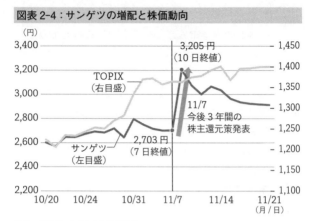

図表 2-4：サンゲツの増配と株価動向

出所：公表データをもとに筆者作成

家に内容を吟味してもらってから売買行動をして欲しいという配慮です。実際には週明けに18.6％も株価がアップしました。株式市場はサンゲツの配当政策を，大変好意的に評価したといえるでしょう。

令　子「やはり，配当はたくさんするほうがいいんですね，センセイ」

中　野「令子さん，成長企業の中には，無配企業があるのは知らないのかな？」

無配の Amazon

　アメリカの総合 e コマース大手企業の Amazon 社は配当を支払っていない無配企業です。皆さんご存知だと思いますが，Amazon は株式時価総額約3,150億ドルの大企業です。2015年末時点では，世界で第6位です。日

本円にすると約 37 兆円です。トヨタ自動車の約 26 兆円と比べると，規模感が分かるでしょう。

　さて Amazon は上場以来一度も配当を支払ったことがありません。なぜでしょうか。同社の説明に耳を傾けましょう。

We intend to retain all future earnings to finance future growth and, therefore, do not anticipate paying any cash dividends in the foreseeable future.
（私どもは将来の利益は全額社内に留保します。将来の成長機会に振り向けるためです。したがいまして，近い将来に現金配当を実施することはないでしょう）
出所：Amazon 社ウェブサイト，Investors Relation のパートより

　過去の利益に関してもそうですが，将来の企業成長のために，将来期間の利益も配当するつもりはないというわけです。利益を内部留保して，事業に再投資していく強い意思を持っています。投資家は Amazon のような無配企業を嫌うでしょうか。そうとも言えません。同社のPBR（株価純資産倍率）は実に約 25 倍です。2016 年 3 月末時点で東京証券取引所一部上場企業の平均 PBR が約 1.1 倍であることを思えば，大変な高評価です。

　株主としては，Amazon の高い成長率に期待しています。配当でもらうよりは，むしろ内部留保してもらってCEO のジェフ・ベゾフ率いる同社の事業投資に向けてもらうことを望んでいるのでしょう。細かい税率の差異を除けば，株主はリターンをキャピタルゲインで得ても，配当で得ても，それほど大差はありません。この場合は，

株主は配当よりも事業投資から得られるリターンに大きな期待をかけているのです。

　投資家の増配要求に応える形で，増配に踏み切る企業も散見されます。しかしながら，優良な投資機会・アイデアを持っているならば，必ずしも配当によるキャッシュアウトをする必要はありません。むしろ，優れた投資機会に関する情報を積極的なディスクロージャーによって，投資家に伝達する道を探るべきです。そのような企業に増配を要求するのは愚かな投資家です。

　一方で，優良な投資機会を持たないにもかかわらず，過剰な現金を死蔵し続ける企業が多いことも確かです。この点については，自己保全のための過度の保守主義，静かな経営者生活を送りたいという願望（quiet life仮説）などから説明が試みられています。

　ガルブレイスが『満足の文化』の中で指摘したように，「組織人間は現状に満足する。こうしたムードがその人の私的生活を支配し，その人の公的態度をも支配する」のかもしれません。経営者の帝国建設行動など（empire building），エージェンシー問題が発生する可能性も隠されています。こうしたタイプの企業に対しては，投資家はペイアウトを要求すべきです。

　ファイナンス理論が教えるところに従うならば，すべての企業が同じペイアウト政策をする必要はありません。裏返して言えば，投資家はすべての企業に同質のペイアウトを要求すべきではないのです。投資家も洗練された知識を身につけることが求められています。

4　リスクテイクと企業価値創造

　企業が成長をするためには，そして価値を創造するためには，新規投資や新規事業への進出などのリスクテイクが必要不可欠です。もちろん「いざ」という時に備える予備的動機も現金保有の裏側にはあることでしょう。しかし必要以上に社内に現金を貯蔵していれば，価値は減りませんが，売上や利益にはまったく寄与しません。

　アベノミクスによってインフレ傾向が強まれば，価値自体も毀損していきます。基本的には，企業は保有現金を使わなくては意味がありません。**図表2-5**は主要な選択肢を示しています。企業はリスクテイク投資をし，余ったキャッシュは株主に還元する必要があります。企業財務理論から見ると，現金を社内に貯蔵し続けるのは，資本コストがかかる価値破壊行為なのです。

　そこで，TOPIX構成銘柄のうちで金融業を除く企業

図表 2-5：保有現金使途の選択肢

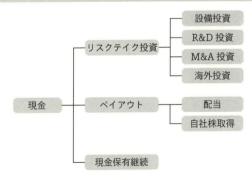

を対象として，2000年から2010年の期間，どのよう
な企業が資本市場で高い評価を受けているか調査をして
みました。具体的には，リスク投資の指標としては設備
投資・R&D投資・M&A投資の合計額を総資産で除し
たものを使います。

　ペイアウト指標は，配当・自社株取得の合計額を総資
産額で除したトータル・ペイアウト比率を用います。そ
の上で，リスク投資とペイアウトのそれぞれを上位半分
と下位半分に分けて，各グループのPBR（Price to Book
Ratio：株価純資産倍率）平均値を2対2のマトリクス
で表現しました（**図表2-6**）。

　左下のセルに分類されたのは，リスク投資もペイアウ
トも低水準の企業です。これらの企業のPBRは最も低
水準であり，平均値は1.21に過ぎません。右下のセル

図表2-6：リスク投資とペイアウトがPBRに及ぼす影響

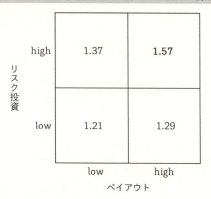

縦軸：リスク投資は設備投資・R&D投資・M&A投資の合計額を総資産で除した
　　　数値
横軸：ペイアウトは配当・自社株取得の合計額を総資産で除した数値

はペイアウトには積極的ですがリスク投資には消極的な企業です（1.29）。逆に，左上のセルはペイアウトには消極的だがリスク投資に積極的な企業です（1.37）。

　最も市場からの評価が高いのは，リスク投資にもペイアウトにも積極的な右上のグループでした（PBR は1.57）。右上のセルに分類された代表的な企業群は，花王，HOYA，武田薬品，テルモ，パーク24，シマノ，ガリバー・インターナショナル，ローソン，村田製作所，資生堂等です。

　現金を社内に溜め込まず，積極的に設備投資・R&D 投資・M&A 投資に振り向け，余剰現金は株主に還元する。そのような姿勢の企業を市場は高く評価しているのです。

5　アップル社だって悩んだ
ペイアウトと現金保有

　ご存知のとおり，アップルは故スティーブ・ジョブズに率いられ，iPod，iPad，そして iPhone をリリースした世界的企業です。2015 年末時点での株式時価総額は約 5,400 億ドルで，世界第 1 位の規模です。2015 年のiPhone の売上個数はなんと 2.3 億個です。単一商品で 2.3 億個も売れたものは，飲料・食品セクターを除けば歴史的にも類を見ません。iPhone の売上高は 1,550 億ドルにも上ります。

　ここでは多くは語りませんが，経営戦略の視点から見ても iPhone は極めて興味深い存在です。iPhone の登場によって業界の競争地図が一新されています。デジタルカメラ業界は iPhone の高画質の写真機能により壊滅的

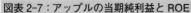

図表 2-7：アップルの当期純利益と ROE

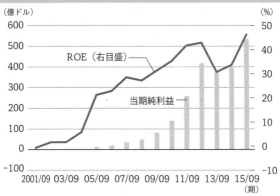

出所：公表データをもとに筆者作成

な打撃を受けました。デジタルカメラのサプライヤーの勢力地図も大きく変わっています。長らく CD 販売に重点を置いてきたミュージック業界も iTunes の登場によってダウンロードによる楽曲配信が急増し，その収益基盤を侵食されています。ゲーム機業界も専用機器が苦戦を強いられています。さらには一時期，受験勉強や語学学習の需要に支えられて人気を誇った電子辞書の売上高も急減しています。

魅力的な製品の登場によって，アップルは急成長を遂げました。2015 年の売上高は 2,337 億ドル，当期純利益は 534 億ドル（**図表 2-7**）にも上っています。

利益率もずば抜けています。本業の収益性を示す売上高営業利益率は 2015 年度では 30.5％と高水準です。近年，注目をされている ROE は実に 46.3％を記録しています。ROE10％未満で悪戦苦闘している日本企業から

図表 2-8：アップルが保有する現金・短期有価証券・長期有価証券

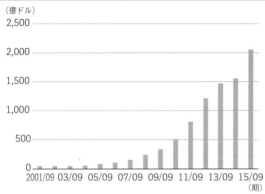

（億ドル）

出所：公表データをもとに筆者作成

見ると，夢のような水準です。

　このような高収益の結果，アップルが保有するキャッシュも急増しています。**図表 2-8** では，同社が保有する現預金，短期の有価証券，長期の有価証券の合計値が示されています。売上高，当期純利益と同様のカーブを描いて上昇しています。その額，実に約 2,057 億ドルです。1 ドル 115 円で換算すると，23.7 兆円です。アップルは 23.7 兆円の自由に使える資金を保有しているのです。日本国全体の一般予算がここ数年，約 100 兆円で推移していることを勘案すると，その金額の巨大さをイメージできるでしょう。

　また，同社の総資産は 2,905 億ドルですから，バランスシートのうち約 71％が現預金，短期の有価証券，長期の有価証券で占められています。事業資産は 3 割に満たないのです。事業会社のバランスシートとしてはか

図表 2-9：アップルのペイアウト政策

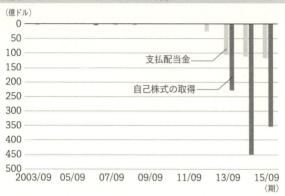

（億ドル）

支払配当金

自己株式の取得

2003/09　05/09　07/09　09/09　11/09　13/09　15/09
（期）

出所：公表データをもとに筆者作成

なり特異と言えるでしょう。

　さて次にアップルのペイアウト政策について見てみましょう。2012年に積極的な配当プログラムを始めるまで，同社はほとんど株主還元をしてきませんでした。そのため，現金が急速に蓄積されてきました。そこで，2012年に，3年間で450億ドルを使うという「資本還元プログラム」をスタートします（**図表 2-9**）。

　2012年3月19日のプレスリリースで，CEOのティム・クック氏は次のように述べています。

　「当社は，研究開発，買収，直営店の新規開店，当社のサプライチェーンにおける戦略的前払い及び資本支出，そして当社のインフラ構築などを通じて事業に有意義な投資を行なうために手元キャッシュの一部を使ってきました。今後，これらをさらに推し進めて行く所存です。

これらの投資を行なってもなお，当社は戦略的な機会のための軍資金を充分に維持でき，また当社の事業を行なっていくための充分なキャッシュを持っています。そこで配当と自社株買いを始めることにいたしました」

　そして翌年の 2013 年には，資本還元プログラムを 2 倍以上に拡大し，15 年末までに総額 1,000 億ドルを株主に返還すると発表しました（2013 年 4 月 23 日プレスリリース）。

　さらに 2014 年には，資本還元プログラムを 1,300 億ドルに拡大します。そして，このプログラムの同年の資金調達先として，米国および諸外国の公債市場を利用することを発表しました（2014 年 4 月 23 日プレスリリース）。

　果たして，この資本還元プログラムに対して，株式市場はいかなる反応を示したのでしょうか。**図表 2-10** は 2014 年 4 月 23 日前後のアップルの株価の推移を示しています。それまで 75 ドル前後で推移していた株価が，プレスリリースと同時に 10％程度上がっていることが分かります。株式市場は同社の政策を高く評価したようです。

　アップルはペイアウト重視の政策をさらに推進しています。直近の 2015 年には資本還元プログラムを 2,000 億ドルに拡大することを発表します（2015 年 4 月 27 日プレスリリース）。

　「私たちは Apple の向かう先には明るい未来があると信じており，その強い確信が，かつてない規模の資本還

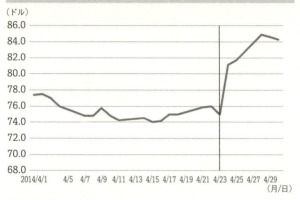

**図表 2-10：アップルの 2014 年の資本還元プログラム公表時の
株価上昇**

（ドル）

出所：公表データをもとに筆者作成

元プログラムに反映されています。資本還元プログラム
の大半は Apple 株式の買い戻しに集中していますが，私
たちは多くの投資家（株主）の皆様には配当が非常に重
要であることも承知しています。このため，3 年未満と
いう短い期間ですが，3 度目の増額配当を実施すること
になりました」（CEO ティム・クック。下線は強調のた
めに筆者が追加）

　2015 年のプレスリリースで表明された CEO ティム・
クック氏のメッセージは，ペイアウト政策がはらむ微妙
な点を勘案したものだとして理解することができます。
注目すべきは，下線を引いた箇所です。アップルの巨額
のペイアウト行動に関しては，ネガティブな評価を受け
る可能性もあるからです。すなわち，魅力的な事業投資

図表 2-11：2015 年の資本還元プログラム公表時の株価下落

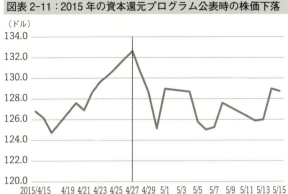

出所：公表データをもとに筆者作成

　機会が限定されていて，成長がストップすると市場に判断される危険性をはらんでいます。前述のシグナル効果の負の側面がクローズアップされる可能性です。それを否定するために，ティム・クック氏はわざわざ自社の「明るい未来」を強調しているわけです。

　このような配慮にもかかわらず，株式市場はプレスリリースのあった 2015 年 4 月 27 日の 132.65 ドルから 4 月 30 日は 125.15 ドルまで，約5.7％低下しています（**図表 2-11**）。

　他にもさまざまな要因があるのかもしれませんが，アップルの事例は，大規模なペイアウトが必ずしもいつも高い市場評価につながるわけではない，という逸話的証拠だと言えるでしょう。各社の経営幹部そして IR 担当者には，MM 命題，シグナル効果等のペイアウトに関する基礎的な理解が求められています。

6 アップルは何に投資しているのか?

さてここでアップルの投資行動に関して，データを見ながら確認をしましょう。それには，同社のキャッシュフロー計算書を見ることが有益です。2015年の営業キャッシュフローは812.66億ドルの黒字です。それをどこに振り向けているのでしょうか（**図表2-12**）。

財務キャッシュフローは177.16億ドルのマイナスで，積極的なペイアウトを中心とする支出を示しています。本節で注目すべきは，投資活動によるキャッシュフローです。企業にとっては「攻め」を示す項目です。典型的な製造業の場合には，設備投資が主たる項目となります。アップルの場合，投資キャッシュフローとして562.74億ドルを計上しています。それだけキャッシュ

図表2-12：アップルのキャッシュフロー計算書の構成要素

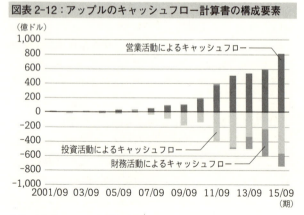

出所：公表データをもとに筆者作成

をつぎ込んでいるわけです。

　ところで，投資キャッシュフロー562.74億ドルの内
訳を精査していくと，アップル独自の行動が見えてきま
す（**図表 2-13**）。

　表中の5番の項目「Payments for acquisition of property,
plant and equipment」がいわゆる設備投資と考えること
ができます。112.47億ドルです。これでも相当の金額
です。しかしながら，最大の項目は1番の項目「Purchases
of marketable securities」，すなわち市場性ある有価証券
の購入です（1,664.02億ドル）。1年間に，実に約19兆
円もの市場性ある有価証券を購入しているのです。

　詳細を精査してみると，そのほとんどは「corporate
security」です。他社の株式を大量に購入しています。
おそらくは，先端的な技術開発力のあるベンチャー企業

図表 2-13：アップルの投資 CF 構成項目の詳細
（2014 年 9 月 28 日―2015 年 9 月 26 日）

単位：100万ドル

1	Purchases of marketable securities	-166,402
2	Proceeds from maturities of marketable securities	14,538
3	Proceeds from sales of marketable securities	107,447
4	Payments made in connection with business acquisitions, net	-343
5	Payments for acquisition of property, plant and equipment	-11,247
6	Payments for acquisition of intangible assets	-241
7	Other	-26
	Cash used in investing activities	-56,274

出所：公表データをもとに筆者作成

に出資をしているのでしょう。あるいは,「ファブレス経営」に協力してくれている生産工場への出資なども含まれていると想像できます。

　同時に注目すべきは,3番の項目「Proceeds from sales of marketable securities」です。これは,市場性ある有価証券の売却を意味しています。アップルは市場性ある有価証券を大量に購入しつつ,同時に売却もしています。技術開発力の高いベンチャー企業,生産協力工場などに出資するとともに,ダイナミックに投資のポートフォリオを入れ替えている点が想像されます。

[Ⅲ]

M&A に挑む時

中　野「今週の講義内容は M&A です」

令　子「やっと登場ですね，M&A！　私が勤めている
　　　　投資銀行部門の業務に直結する話です。しっか
　　　　り，勉強しなくちゃ」

中　野「令子さんは本業ですから，いまさら勉強する必
　　　　要はないですよね」

令　子「センセイ，あまりいじめないでください。私，
　　　　基礎的な思考が欠けているんです」

竹之内「真面目な話で恐縮ですが，住宅メーカーのわが
　　　　社でも国内の住宅受注件数が伸び悩んでいま
　　　　す。そこで，3年前から，カナダとオーストラ
　　　　リアに進出していますが，なかなか実績が上が
　　　　りません。現地のパートナー企業と連携をして
　　　　きましたが，将来的には M&A も視野に入れ
　　　　ようかと悩んでいるところです」

中　野「そうでしたか。では，M&A について，コーポ
　　　　レートファイナンスの視点からはどう考えるか
　　　　を講義していきましょう。令子さん，ホワイト
　　　　ボードを持ってきてください」

令　子「はーい。了解です！」

1　増え続ける M&A

　2000年代に入ってから，新聞，ニュースなどで
M&A に関する報道が増えたと感じている方は多いので
はないでしょうか。若手のビジネスパーソンにとって，
M&A はごく普通の出来事になりつつあります。一昔前
の日本では考えられない，大きな変化の1つです。

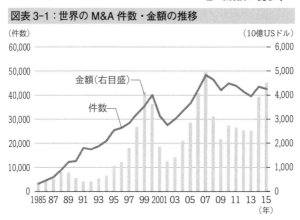

図表 3-1：世界の M&A 件数・金額の推移

出所：Institute for Mergers and Acquisition Alliances (IMAA, http://www.imaa-institute.org/)

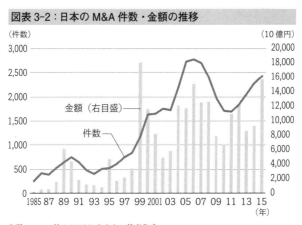

図表 3-2：日本の M&A 件数・金額の推移

出所：レコフ社の MARR をもとに筆者作成

図3-3：2014年以降の日本企業関連の大型M&A

企業名	買収・統合先
サントリーHD	ビーム（米）
ミツカングループ本社	ユニリーバ（英）の2パスタソースブランド
第一生命保険	プロテクティブ生命（米）
三菱ケミカルHD	大陽日酸
キヤノン	アクシス（スウェーデン）
旭化成	ポリポア（米）
ファミリーマート	ユニーグループHD
ブラザー工業	ドミノ・プリンティング・サイエンシズ（英）
日本郵便	トール（豪）
東京海上日動火災保険	HCCインシュアランスHD（米）
日本経済新聞社	フィナンシャル・タイムズ・グループ（英）
NBCユニバーサル（米）	ユー・エス・ジェイ
日本たばこ産業	レイノルズ・アメリカン（米）のたばこブランド
日本生命保険	三井生命保険
三井住友ファイナンス&リース	GEグループの日本におけるリース事業

注：金額は概算
出所：SPEEDAをもとに筆者作成

　図表3-1は過去30年間にわたる世界のM&Aの件数・金額の推移です。1998年から2000年頃までの「インターネット・バブル」期には毎年4兆ドル前後のM&Aディールが世界的に成立していました。その後、市場は冷え込みましたが、再び2007年まで急増していきます。ピークの2007年には約5兆ドルのM&Aディールが成立しました。そして周知のとおり、2007年のサブプライムローン問題、2008年のリーマン・ショックで一気に冷え込みます。

業種	金額	発表時期
蒸留酒	1 兆 6,420 億円	2014 年　1 月
食品	2,180 億円	2014 年　5 月
生保	6,520 億円	2014 年　6 月
化学	1,050 億円	2014 年　9 月
ネットワークカメラ	3,570 億円	2015 年　2 月
バッテリーセパレータ	2,620 億円	2015 年　2 月
小売	―	2015 年　3 月
産業用印刷機器	1,970 億円	2015 年　3 月
物流	7,680 億円	2015 年　4 月
保険	9,030 億円	2015 年　6 月
新聞	1,560 億円	2015 年　7 月
レジャー施設運営	1,810 億円	2015 年　9 月
たばこ	6,010 億円	2015 年　9 月
生保	3,340 億円	2015 年 11 月
リース	5,750 億円	2015 年 12 月

　その後は比較的安定的に推移し，2015 年には 4.5 兆ドルにまで増えています。2015 年には，ビール業界の巨人 AB インベブ（ベルギー）による SAB ミラー（英国）の買収，さらにはダウ・ケミカル（米）とデュポン（米）の合併など，いわゆる「メガディール」が次々と発表されました。

　次に日本に目を向けてみましょう（**図表 3-2**）。M&Aに関して，日本は特殊な国であるような議論をされることもありますが，時系列的な動向を見る限り，世界の

図 3-4：2014 年以降の世界の大型 M&A

企業名	買収・統合先
サントリーHD	ビーム（米）
フェイスブック（米）	ワッツアップ（米）
AT&T（米）	ディレク TV（米）
メドトロニック（米）	コビディエン（アイルランド）
レイノルズ・アメリカン（米）	ロリラード（米）
アクタビス（アイルランド）	アラガン（米）
ハインツ（米）	クラフト・フーズ（米）
テバ（イスラエル）	アラガン（アイルランド）の後発医薬品事業
エース（米）	チャブ（米）
バークシャー・ハサウェイ（米）	プレシジョン・キャストパーツ（米）
エナジー・トランスファー・エクイティ（米）	ウィリアムズ（米）
デル（米）	EMC（米）
ウェルズ・ファーゴ（米）	GE（米）の金融事業の一部
ウエスタン・デジタル（米）	サンディスク（米）
AB インベブ（ベルギー）	SAB ミラー（英）
ダウ・ケミカル（米）	デュポン（米）

注：金額は概算
出所：SPEEDA をもとに筆者作成

M&A と極めて良く似たパターンを示していることが分かります。1999 年の金額が突出しているのは，三井住友銀行とみずほ銀行という 2 つのメガバンクの誕生が発表されたためです。2002 年から 2006 年までの上昇傾向は，2002 年第 3 四半期から 2007 年第 2 四半期まで 20 四半期にわたる「戦後最長の景気回復」のため，企業業績が好調だったことを反映しています。その後，リーマン・ショックの影響を受けて減少します。しかし

業種	金額	発表時期
蒸留酒	160 億ドル	2014 年 1 月
メッセージング・アプリケーション	190 億ドル	2014 年 2 月
衛星放送	485 億ドル	2014 年 5 月
医療機器	429 億ドル	2014 年 6 月
たばこ	274 億ドル	2014 年 7 月
医薬品	705 億ドル	2014 年 11 月
食品	400 億ドル	2015 年 3 月
医薬品	405 億ドル	2015 年 7 月
保険	283 億ドル	2015 年 7 月
金属部品製造	372 億ドル	2015 年 8 月
パイプライン運営	377 億ドル	2015 年 9 月
情報技術	670 億ドル	2015 年 10 月
金融	320 億ドル	2015 年 10 月
半導体メモリー	190 億ドル	2015 年 10 月
ビール	1,080 億ドル	2015 年 11 月
化学	617 億ドル	2015 年 12 月

　その後は，円高という M&A の追い風が吹いたために安定的に推移をしました。さらには，内需型企業の海外展開が増加したために 2014 年，2015 年には大幅に増えています。今や M&A は，企業の戦略オプションの 1 つとして完全に定着したものと解釈できます。

　マクロ動向だけではイメージが湧きにくいかもしれません。**図表 3-3** は 2014 年以降の日本企業関連の大型 M&A 案件，**図表 3-4** は世界の大型 M&A 案件を示して

あります。これらの案件を新聞やニュースで目にしたことがある読者も多いでしょう。

　近年の動向としては，世界のM&A案件が巨額化している点に特徴があります。冒頭にも紹介したビール業界の巨人ABインベブ（ベルギー）によるSABミラー（英国）の買収は1,080億ドルですから，まさに「メガ・ディール」と呼んでもよいでしょう。

2　M&Aのベネフィットとコスト

　M&Aのベネフィットとコストについて，考えてみましょう。理論的には，ベネフィットとしては「規模の経済」による経営効率の向上，「範囲の経済」による事業シナジー効果があげられます。一方，コストとしてはエージェンシー・コストの発生から説明されることがあります。ここでは日本企業を取り巻く状況を勘案して，言葉を換えて，理解しやすい視点から説明を加えようと思います。

M&Aのベネフィット

　まずはM&Aのベネフィットです。

　第1に「スピーディーな事業展開・規模拡大」が可能になります。内部成長によってゼロから自社で事業展開する場合と比べると，M&Aでは「時間を買う」ことが可能です。国内でもそうですが，昨今はアジア諸国ならびに南米などの新興経済成長国への海外展開の際に，効果を発揮します。買収を通じて既存企業を傘下に収めるため，スピーディーな海外展開が可能となります。特

に，内需型企業，成熟化した日本企業の成長戦略として，すっかり定着した感があります。

　具体的な例をあげるとすると，英国のギャラハーを買収した JT，ブラジルのスキンカリオールおよび豪州のライオンネイサンを買収したキリンビール，タイのアユタヤ銀行を買収した三菱東京 UFJ 銀行などが典型的な事例になるかもしれません。内部成長では時間がかかりすぎて，市場で生き残ることは困難でしょう。

　第2のベネフィットは，「事業ポートフォリオの転換」です。本業の成熟化，競争激化，技術革新などによって，事業ポートフォリオの転換を余儀なくされる企業も少なくありません。事業構造の変更なしでは生存さえ危ぶまれます。その際，異業種企業を買収することが1つの選択肢となってきます。このタイプの事例としては，富士フイルムが当てはまります。同社は写真用銀塩フィルムがデジタル化への荒波にもまれ，「本業消失」の危機を迎えました。そうした中で，富士ゼロックスの子会社化，医薬品会社の富山化学工業の買収などを経て，液晶フィルム，医療機器，医薬等を手掛ける企業へと転換を果たしつつあります。

　M&A には案件ごとにさまざまなタイプがあります。例えば，本書を出版する日本経済新聞社グループは，経済紙国内トップの日本経済新聞を発行しています。朝刊の発行部数は約 280 万部だそうです。

　同社は 2015 年に英国のフィナンシャル・タイムズ・グループを買収しました。国内人口の減少という状況下で，海外へと活路を見出しました。フィナンシャル・タイムズ紙は，紙の色がサーモンピンクであることから，

しばしば「ピンク・ペーパー」とも呼ばれています。発行部数は紙版が約21万部，電子版が約50万部，合計で約71万部に過ぎません。FTの内容は金融・経済・ビジネスに特化しています。私も愛読していますが，記名式の記事が多く，記事の質・レベルが極めて高く，読者を限定したクオリティ・ペーパーと言ってもよいでしょう。このM&Aは，上記の2つのベネフィットを狙ったものと考えることができるでしょう。

　サントリーによる米国Beam社の買収も，スピーディーな海外事業展開，事業ポートフォリオ中の蒸留酒事業の強化という二つの側面を併せ持っている事例として考えることができるかもしれません。

M&A のコスト

　M&Aは必ずしも良いことばかりではありません。大胆な意思決定ですから，コストが発生する側面があることも忘れてはなりません。

　第1に，アングロサクソン流の理論で頻繁に指摘される，「経営者の帝国建設（empire building）」的な行動があげられます。コーポレートファイナンス理論では，エージェンシー・コストとして説明されることが多いでしょう。企業価値，株主価値を高めることが目的ではなく，経営者の自己利益向上が目的とされる場合です。そのために，企業価値が毀損します。

　経営者が自己の名声・評判を高めるために，売上高，資産規模というような規模の拡大に走るようなケースも，これに当てはまります。M&Aを実行すると，売上高と総資産は必ず増加します。例外はありません。売上高や

総資産がマイナスの企業は存在しないからです。ところが，M&Aをした結果，利益が減る，利益率が低下するということはよくあります。そのような場合，帝国建設的な要素が隠されている可能性も否めません。

第2のコストは，経営者の自信過剰です。ここで想定する経営者は，自己利益追求というような性悪の人間ではありません。しかしながら，自分の経営力を過信しすぎるあまり，高額のM&A案件に手を染めてしまうケースも散見されます。海外M&A，とりわけ新興国での案件の場合，情報不足のままに強引に意思決定をしてしまうこともあります。

M&Aにはさまざまなベネフィットとコストがあります。その代表的な要因を以下にまとめておきます。容易に想像可能ですから，各自で内容を反芻してみてください。

M&Aのベネフィット
- 迅速な規模拡大，迅速な海外展開，「時間を買う」
- 事業ポートフォリオの転換
- 経営効率の向上
- 範囲の経済，シナジー効果

M&Aのコスト
- 高値の買収（自信過剰，情報不足）
- 経営者の帝国建設，私的利益追求
- M&A後の統合コスト

3 M&Aをすると株価は上がるのか?

中　野「M&Aを発表すると株価は上がるでしょうか，それとも下がるでしょうか。ただし，上場企業間のM&A案件とします。一般によく観察できるパターンを想定してください。読者の皆さんも5分ほど時間をとって，自分の頭で考えてみてください。実際に次の解答欄にご自身の考えを記入してみてください」

あなたの考え方：

　　（買い手）

　　（売り手）

理由：

中　野「それでは，順番に聞いてみましょう。まずは令子さんから。いかがですか」

令　子「M&A戦略を選択するというからには，買い手側にはそれなりの考えがあるわけですから，買い手の株価は上がると思います。売り手のほうも，事情があってM&Aに応じるのですから上がると思います」

中　野「なるほど。売り手も買い手も，両方ともに株価上昇ですか。良いことずくめですね。それなら，

84

　　　　世の中でどんどん M&A が実行されて，企業
　　　　が統合されて，独占度合いが進行していくにし
　　　　たがって，株価はどんどん上がることになりま
　　　　すね」

令　子「センセイ，そこまで極端な状況って，普通考え
　　　　ませんよね……」

中　野「極端な状況を想定すると，世の中が見えてくる
　　　　ものですよ。まあ，極端すぎたかな」

竹之内「まず，売り手側ですが，上がると思います。理
　　　　由は，上場企業を買収する際には，現在の株価
　　　　にある程度のプレミアムを上乗せすることが通
　　　　常だからです。買い手側ですが，上がる場合も
　　　　あれば，下がる場合もあるように思います。
　　　　M&A 戦略の効果の有無で差異が生じているの
　　　　ではないでしょうか」

中　野「さすがは社長さん。M&A の効果とは，どのよ
　　　　うなことですか」

竹之内「統合によるシナジー効果，あるいはコスト節約
　　　　などでしょうか」

中　野「コーポレートファイナンスの実証研究を紹介し
　　　　ながら，説明をしていきましょう」

M&A の株価反応に関する研究

　まずは M&A 先進国のアメリカの代表的な研究を紹
介します。ダートマス大学の Eckbo 教授たちの研究は，
1980 年から 2005 年までのアメリカにおける M&A 案
件に対する株価反応を調査しています。M&A 公表の前
日から翌日までの 3 日間の株式リターンから市場全体

図表 3-5：M&A に対する株価反応：米国の場合
M&A 公表前日から公表翌日までの 3 日間の CAR

被買収企業	買収企業	ウェート加重で統合
14.6%	0.7%	1.1%

1980 年から 2005 年までの米国の M&A 案件が対象

出所：Betton, S., E. Eckbo and K. Thorburn, "Corporate Takeovers," E. Eckbo (ed.), *Handbook of Corporate Finance: Empirical Corporate Finance,* Volume 2, Chapter 15, 2008.

の影響を控除した累積超過リターン（Cumulative Abnormal Return：CAR）を計測しています（**図表 3-5**）。

その結果，被買収企業の株価は平均で 14.6％上昇しています。一方，買収企業の株価は 0.7％上昇しています。両者を企業規模でウェートして統合すると，M&A によって平均で 1.1％の株主価値が創造されています。その他の研究でもおおよそ同様の傾向が観察されています。売り手の株価は上がりますが，買い手の株価は微妙です。

次に世界に目を向けましょう。ピッツバーグ大学の Ellis 教授たちは世界 61 カ国の M&A を分析対象にして，買い手の株価反応を調査しています。分析時期は 1990 年から 2007 年までで，調査対象の M&A 案件数は 37,414 と巨大です。近年は国境の枠を越えたクロスボーダー型の M&A も増えていますから，「ドメスティック型」と「クロスボーダー型」に分けて，株価反応を調査しています。調査の結果，「ドメスティック型」でも「クロスボーダー型」でも，1.4〜1.5％程度の正の効果が発見されました。正の効果といっても，ごくわずかである点がポイントです。お金を出してすぐに買えるものから，

すぐに価値が生み出されるわけではないようです。この研究結果は記憶しておくべきです。

　最後に，日本企業が買い手である M&A に限定した研究が，東京工業大学の井上教授らによってなされています。2000 年から 2010 年の間，日本企業が買い手となる M&A 案件を調査対象としています。その結果は，次のとおりです。「ドメスティック型」で 0.22%，「クロスボーダー型」で 1.38%の正の株価反応です。こち

図表 3-6：M&A 時の買収企業に対する株価反応：世界の場合
M&A 公表前日から公表翌日までの 5 日間の CAR

	M&A 案件の数	5 日間の CAR
合計	37,414	1.44%
ドメスティック型	29,324	1.42%
クロスボーダー型	8,090	1.50%

対象期間は 1990 年から 2007 年。世界 61 カ国の M&A 案件
出所：Ellis, J., S. Moeller, F. Schlingemann and R. Stulz, "Globalization, Governance, and the Returns to Cross-Border Acquisitions," *NBER Working Paper,* No.16676. 2011.

図表 3-7：M&A 時の買収企業に対する株価反応：日本の場合
M&A 公表前日から公表翌日までの 3 日間の CAR

	M&A 案件の数	3 日間の CAR
合計	381	0.67%
ドメスティック型	232	0.22%
クロスボーダー型	149	1.38%

対象期間は 2000 年から 2010 年。買収企業が日本企業の M&A 案件
出所：Ings, R. and K. Inoue, "Do cross-border acquisitions create more shareholder value than domestic deals in a mature economy? The Japanese case." Working paper, 2012.

らもプラスではありますが，ごくごく微量です。

　ここでは M&A 公表時の株式市場の評価を取り上げました。M&A の効果という意味では，もう少し長期的な会計パフォーマンス（ROA 等）を事後的に観察するという手法もあります。ただ長期になると，さまざまな企業行動の影響が混在してくることから，M&A の独自効果を抽出するのが困難になるという技術的問題が発生します。もしも皆さんが特定の事例に関心をお持ちの場合，個別に中長期的な会計パフォーマンスを観察するのもよいでしょう。なお，株価変動と企業価値の伸縮性については，「補講 3」で追加説明をします。

4　DCF で説明される M&A 投資の価値創造効果

売り手の株価

　さて次は，なぜ上記のような結果になるのかを考えていきましょう。まずは分かりやすさを優先して，被買収企業の株価反応から考えてみましょう。前述のアメリカの研究では約 15％の株価上昇が観察されました。上場企業が買収される際には株価にプレミアムを上乗せされるのが一般的です。

　現在の株価というのは，需要と供給の均衡点で決定されています。例えば，A 社の現在の株価が 1,000 円だとしましょう。そこに，大量の株式を買いたいという買い手が登場します。発行済み株式の 50％超を目指したいというようなケースです。しかし，1,000 円で株式を売却したい人というのは，均衡価格ですから，ほとんど残

されていません。1,001 円で売りたい人はいるかもしれ
ませんが。さて，そこに 50%超を買いたい人が出現し
ます。A 社株式の大口需要者です。そうすると価格は上
がらざるを得ません。そのため，M&A に際してはプレ
ミアムを上乗せする必要があります。一橋大学の服部客
員教授は日米の買収プレミアムについて，1997 年から
2006 年までの 10 年間の計測をしました。10 年間の平
均買収プレミアムは，米国で 36%，日本で 20%と報告
されています（服部［2015］）。

　それ以降の期間に関して，私も実際に 2008 年第 1 四
半期以降の日本国内の TOB（株式公開買い付け）を対
象として，買収プレミアムを計測してみました。それが
図表 3-8 です。時期によって異なるものの，2008 年第

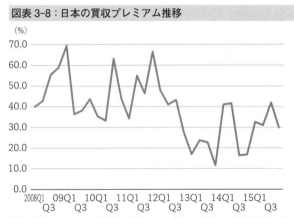

図表 3-8：日本の買収プレミアム推移

出所：買収プレミアムは SPEEDA のデータをもとに，発表前 1 カ月平均株価に対す
　　る買付価格の超過比率として筆者が算出。四半期ごとに，上下 1%の案件を
　　異常値として除外。
　　買収プレミアム ＝（買付価格 − 発表前 1 カ月平均株価）÷（発表前 1 カ月平
　　均株価）。

1四半期から2015年第4四半期までの平均で38.9%のプレミアムがついています。リーマン・ショックの直後は，株価が理論株価よりもかなり低下したことを受けて，プレミアムが50〜60%を超える水準を記録しました。本来あるべき理論価格よりも低下した市場価格を出発点として，プレミアムを乗せていたため高水準になったものと推測できます。直近では，約30%のプレミアムという状況です。

「買い手」がプレミアムを上乗せするということは，裏返してみると「売り手」株主にとっては株価上昇ということになります。したがって，一般的には被買収企業の株価は上がります。

買い手の株価

問題は買い手です。こちらは，どう考えたらよいでしょうか。コーポレートファイナンスの基本領域である投資意思決定の考え方を援用してみましょう。M&Aを1つの投資プロジェクトとみなして，DCF法を使ってNPVを計算します。まず，買収金額が初期投資金額です。手に入れられる将来キャッシュフローは，第1に被買収企業が将来生み出すと期待されるキャッシュフローの割引現在価値合計です。第2に，M&Aによって2つの会社が結びつくことによって生み出される新たな価値です。統合によるコスト節約分，シナジー効果の合計です。

> M&A の NPV ＝ −（買収金額）
> $+\left(\begin{array}{l}被買収企業の \\ 将来 CF の割引現在価値合計\end{array}\right)$
> $+\left(\begin{array}{l}M\&A によって新たに創造される \\ 将来 CF の割引現在価値合計\end{array}\right)$

NPV で考えると，以下のとおりになります。

> M&A の NPV ＞ 0 …… → M&A は価値創造
> M&A の NPV ＜ 0 …… → M&A は価値破壊

すなわち，

$$（買収金額）<\left(\begin{array}{l}被買収企業の \\ 将来 CF の割引現在価値合計\end{array}\right)$$
$$+\left(\begin{array}{l}M\&A によって新たに創造される \\ 将来 CF の割引現在価値合計\end{array}\right)$$

という状態であれば，当該 M&A は価値を創造する投資案件だと判断できます。

一方で，

$$（買収金額）>\left(\begin{array}{l}被買収企業の \\ 将来 CF の割引現在価値合計\end{array}\right)$$
$$+\left(\begin{array}{l}M\&A によって新たに創造される \\ 将来 CF の割引現在価値合計\end{array}\right)$$

という状態であれば，当該 M&A は価値を破壊する投資案件だと判断できます。上記の議論をまとめたのが**図表 3-9** です。

買収金額	⋛	被買収企業の 将来 CF の 割引現在価値合計	+	M&A によって 創造される 将来 CF の 割引現在価値合計

中　野「それでは，ここで簡単な質問です。例えば，被
　　　買収企業の将来 CF の割引現在価値合計が 100
　　　億円だとしましょう。この会社が単独で事業展
　　　開をしている場合の業績です。そして，M&A
　　　によって新たに創造される将来 CF の割引現在
　　　価値合計が 30 億円だとします。これには，統
　　　合によるコスト節約，シナジー効果などが含ま
　　　れます。さて，この会社を買収すべきでしょう
　　　か？」

令　子「先ほどのセンセイの説明によりますと，買収金
　　　額によって判断が変わってくるということにな
　　　りますね」

中　野「そのとおりです。令子さん，理解力がついてき
　　　たね。手に入るキャッシュフローの現在割引価
　　　値合計が 130 億円ですから，買収金額が 130
　　　億円未満であれば実行，130 億円以上であれば
　　　棄却すべきです」

5　役員フロアの心理

　ここまでの説明から分かるのは，M&A が価値を生む

か否かは，買収金額と入手可能なキャッシュフローとの相対的な比較になるという事実です。どれほど魅力的な企業であろうと，どれほどシナジー効果があろうとも，買収金額が高くては，価値創造は難しいという点です。

　M&Aディールに際して，5割も6割もプレミアムを上乗せすることは，事業価値評価の視点からは，好ましいことではありません。どんなに優れた経営者であっても，現在の市場価格に6割もプレミアムを上乗せしては，その投資額を上回るような価値を創出するのは難しいといわざるを得ないでしょう。現在の市場価格は，無数の市場参加者が考えている当該企業の均衡価格なのです。自分だけが，その価値を大きく向上させる魔法を使えると考えるのは，大きな「落とし穴」である可能性が否めません。

　人間はいったん取引にコミットすると，不利な条件になっても，当該取引を完遂したいという傾向（escalation of commitments）があることが，心理学の研究でも示唆されています。このような「落とし穴」にはまらないためにも，M&Aに際しては，ターゲット企業の価値を定量的にきっちりと評価・分析し，買収金額の上限を決めておくことが求められます。さもないと，買収者として競合相手が登場した時に，ついつい買収金額をつり上げていってしまうことにつながりかねません。

中　野「社長，御社ではこういう雰囲気になったご経験はありませんか？」

竹之内「正直申し上げますが，ございます。今の話とちょうど同規模の案件でして，CFOから投資金

　　　　額の上限は130億円だという説明がありました。
　　　　しかし取締役会では，「技術競争を考えると，
　　　　150億円支払っても買収すべきだ」「ライバル
　　　　社に買われると，取り返しのつかない事態にな
　　　　る」「うちと統合すれば，大きなシナジー効果
　　　　が見込まれるので，160億円くらい払っても問
　　　　題ない」などなど，さまざまな意見が出たこと
　　　　があります」

中　野「ああ，そうなってくると，もう止まりませんよ
　　　　ね」

竹之内「はい，そのとおりです。役員フロアも，『今さ
　　　　ら降りられない』というような雰囲気になり，
　　　　160億円までなら買収の手をあげるような雰囲
　　　　気になりました」

中　野「160億円ですか！　CFOの概算では上限は
　　　　130億円でしたよね。財務はあくまでも高次元
　　　　の経営判断の材料を提供する役割に過ぎません
　　　　が，かなりのオーバーシュートです。それだと，
　　　　M&A後には相当ご苦労なさったでしょうね。
　　　　NPVは負ですよ」

竹之内「それが幸いなことに，ある取締役の発言を契機
　　　　として，冷静になりました」

中　野「どのような発言でしたか」

竹之内「その取締役の方は中央研究所長です。『私は長
　　　　年研究畑で来たので，財務の詳細は分かりませ
　　　　ん。しかし，プレミアムを6割も上乗せしたら，
　　　　普通は買収後に価値を生み出せないんじゃない
　　　　でしょうか』と発言されました。それで，みな

　　　　　　我に返りました。結局，その話は『お流れ』に
　　　　　　なりました」

令　子「おじさん，良かったじゃないですか！」

竹之内「そうだね。でも，その時は判断のための理論的
　　　　　　枠組みを持っていなかったので，よく分からな
　　　　　　かったんだよ。令子ちゃんたちみたいなフィナ
　　　　　　ンシャル・アドバイザーから難しい話をされて，
　　　　　　圧倒されてたしね」

中　野「社長，でももう大丈夫ですね。学びは会社を救
　　　　　　います」

竹之内「はい，おかげさまで。役員会のメンバーにも，
　　　　　　この分野を勉強するように言っておきます」

6　M&Aのリスク増幅効果

　それでは次に，全社戦略のリスクとリターンという視
点から，M&Aという戦略オプションを考えてみましょ
う。内需の成熟に対応したリスクテイク行動として，ク
ロスボーダー型M&Aが注目されています。近年の例
としては，キリンによるブラジルのスキンカリオール社
の買収，ソフトバンクによる米スプリント・ネクステル
の買収，ダイキン工業による米グッドマンの買収，さら
にはLIXILグループによる独グローエの買収などがあ
げられます。

　図表3-10のようなキャッシュ・リッチ企業を題材に
考えてみましょう。既存事業のリスクが10％，保有現
金のリスクは0％と仮定しましょう。平均すると，企業
全体のリスクは5％です。この企業が保有現金の全額を

図表3-10：現金買収によるリスク増幅効果

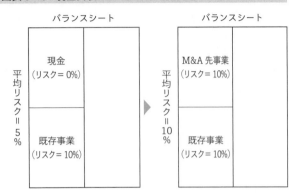

バランスシート		バランスシート

平均リスク＝5％
- 現金（リスク＝0％）
- 既存事業（リスク＝10％）

平均リスク＝10％
- M&A先事業（リスク＝10％）
- 既存事業（リスク＝10％）

用いて同業他社を買収します。すると、既存事業のリスクが10％、買収先事業のリスクは同業なので同じく10％であり、企業全体の平均リスクは10％となります。キャッシュ・リッチ企業が現金を利用してM&Aを実行すると、リスクが急に上昇します。無リスクの現金がリスク資産に置換されるからです。このように考えれば、現金を用いた買収後の企業業績のブレは、過去と比べて増幅するという一般的な法則に辿り着くでしょう。

では、M&Aはハイリスクな行動だから、やめるべきでしょうか。M&A後の「のれん」の減損損失計上例などを目にすると、ついついそう考えがちです。しかし企業業績の評価には、ある程度の時間軸を持つ必要があります。短期的な評価に基づくネガティブな報道も目につきますが、リスクとリターンは中期的に観察、評価すべきものです。リスクをとる行為は、将来リターンをもたらす可能性も秘めているのです。リスクには下方リスクだ

けでなく，上方リスクもあることを忘れてはいけません。

7　M&A&D の "D"

　近年，「選択と集中」の必要性から，M&A に D を加えて議論をすることが増えています。一般に，事業売却・事業撤退全般を指してダイベスティチャー（Divestiture）という言葉が用いられています。ダイベスティチャーには，複数の形態があります。その代表的なものが，①スピンオフ，②エクイティ・カーブアウト，③アセット・セールの３つです。

　従来は，拡張路線には積極的に取り組むものの，「撤退＝失敗」というような日本的感覚が理由なのか，撤退・売却という事例はそれほど多くありませんでした。しかし近年は事業ポートフォリオ再構築の一環として，事業売却はすっかり定着しています。拡張型の M&A だけではなく，「M&A&D 戦略」の "D" を選択する企業が増えています。以下，D の３つの形態について順次説明をしましょう。

　第１のスピンオフとは，ある企業が２つ以上の企業に分かれ，分離された部門の株式を旧会社株主にその持ち分に応じて割り当てるものです。新しく設立された企業は，旧会社からは運営面でも独立し，資本関係もなくなります。米国における代表的なスピンオフとしては，古くは AT&T の NCR とルーセント・テクノロジーのスピンオフ，GM（ゼネラル・モーターズ）による EDS やデルファイ・オートモーティブ・システムズ，サーモ・エレクトロンによる数々のスピンオフなどが有名で

す。最近でも，GEによる北米個人向け金融事業，イーベイによるペイパル，HPによるパソコン・プリンター事業などがありました。欧州ではオランダのフィリップスが照明ソリューション事業をスピンオフしました。

第2のエクイティ・カーブアウトとは，日本でいうところの「子会社上場・公開」にあたります。エクイティ・カーブアウトを実行すると，親会社は子会社株の一部売却に伴って，資金を獲得することができます。また，子会社は公開企業になるものの，依然として親会社の持ち分は残り，親会社のコントロールを部分的に受け続けることになります。子会社上場については日本でも数多くの事例があるので，なじみのある読者も多いでしょう。

第3のアセット・セールとは，文字どおりの資産売却と営業譲渡のことです。有効活用されていない資産を，私的交渉を通じて第三者に譲り渡します。証券の発行は伴いませんが，資金を獲得することができます。

以上のようなダイベスティチャー戦略は価値創造効果を持つのでしょうか。それはM&Aと比べて，どれくらいの大きさになるでしょうか。

ペンシルバニア州立大学のMulherin教授らは，M&Aと比較するために，1990年代における370件のダイベスティチャーをサンプルとして，価値創造効果を分析しています（図表3-11）。ダイベスティチャーの公表日をイベント日に設定し，その前後3日間の累積超過リターン（CAR）を計測しています。その結果，ダイベスティチャー合計で見ると，+3.04％の累積超過リターンが観測されました。さらに形態別に平均値を見ると，①スピンオフが+4.51％，②エクイティ・カーブアウトが+

図表 3-11：ダイベスティチャーの価値創造効果

	合計	スピンオフ	カーブ アウト	アセット・ セール
平均値	3.04%	4.51%	2.27%	2.60%
中央値	1.75%	3.64%	0.84%	1.58%
サンプルサイズ	370	106	125	139

ダイベスティチャーの公表日を含む前後3日間の累積超過リターン（CAR）を記載。
出所：Mulherin, J.H. and A.L.Boone, "Comparing Acquisition and Divestitures." *Journal of Corporate Finance* 6:117-139, 2000.

2.27％，③アセット・セールが＋2.60％という結果が得られています。

　ちなみに，日本のデータを用いた分析を東京工業大学の池田助教らが行っています（池田・井上 [2015]）。2006年から2011年の期間の422件の上場企業による事業売却を対象としています。公表日をイベント日に設定し，その前後3日間の累積超過リターンを計測したところ，0.15％であり，統計的に有意ではありませんでした。日本では，市場からの反応は薄いようです。

　スピンオフでは，コア事業とは関連の薄い非関連事業が分離されることが多いようです。その結果，コア事業に経営陣の時間と能力，さらに経営資源が集中投下できるようになると期待されます。カーブアウトも，子会社が公開されることによって，当該子会社の経営に透明性が要求され，さらに経営陣も資本市場と直接向き合うことになります。しかし，親会社のコントロールも依然として残るため，価値創造効果はスピンオフより小さくなっています。

問題は，最後のアセット・セールです。**図表 3-11** で
平均値を見ると，＋2.60％となっています。確かに，未
利用資産の売却によって，資源効率は高まることでしょ
う。しかし，ひとくちに資産売却といっても，様々な
ケースが考えられます。企業の置かれている状況によっ
て，資産売却の効果も異なることが予想されます。

アセット・セールの動機

　この点をもう少し考えてみましょう。経営者がアセッ
ト・セールを実施する理由に関しては，2 つの仮説が提
示されています。1 つは「効率的配置仮説」（efficient
deployment hypothesis），もう 1 つは「資金調達仮説」
（financing hypothesis）です。

　このうち「効率的配置仮説」とは，自社よりも効率的
に資産を活用できる企業に資産を売却することにより，
資源の効率的配置が達成され，売り手企業はゲインの一
部を獲得するというものです。しかし，この仮説は単純
にすぎるかもしれません。売り手の財務状況や売却資金
の活用方法などが考慮されずに，売却するとゲインが得
られるかのような想定をしているからです。

　これに対して「資金調達仮説」では，経営者は，企業
規模や会社に対する自分の影響力などに価値を置いてい
ます。そのため，資産の効率的配置という理由だけでは
資産を手放そうとはしません。このような経営者が資産
を売却するのは，資金が必要ではあるが，他の資金調達
源のコストが高い状況（情報の非対称性などのため）に
あるときです。つまり，資金調達の必要があるが，他の
方法がとれずアセット・セールを選択するというもので

す。

　この点を詳細に分析したのが，香港中文大学の Lang 教授たちです。彼らは 1984〜89 年のあいだに米国企業が実施した大規模なアセット・セールを分析対象として，アセット・セールを実施する企業は財務業績が悪く，負債依存度も高いことを発見しました。つまり，単純な「効率的配置仮説」ではなく，企業の置かれている財務状況が資産売却と関係しているということを明らかにしたのです。

　そこでは，資産売却で獲得する資金の使途によって，市場の評価が分かれることも示唆されています。すなわち，売却資金で負債を返済し，復活への道を探る企業に対して，市場は統計的に有意な正の反応を示しています。対照的に，売却資金を内部留保して再投資する企業に対しては，市場は統計的に有意ではないが負の反応を示しているのです（**図表 3-12**）。

　過去の業績が悪い企業が資産を売却し，その資金を内部留保するということは何を意味するでしょうか。投資家としては，それまで好ましい意思決定をしてこなかっ

図表 3-12：アセット・セールに対する株式市場の評価
（公表日前後の累積超過リターン）

	-1 日〜0 日	-5 日〜+5 日
サンプル全体　93	1.41%	2.80%
負債返済サンプル　40	3.92%	5.65%
内部留保・再投資サンプル　53	-0.48%	0.65%

出所：Lang, L., A.Poulsen, and R.Stulz, "Asset Sales, Firm Performance, and the Agency Costs of Managerial Discretion." *Journal of Financial Economics* 37:3-37. 1995.

た経営陣が新たに資金を獲得したとしても，劇的に素晴らしい投資意思決定を行うとは期待していないのでしょう。

中　野「今週の講義は以上です」

竹之内「M&A&D について分かりやすく説明してもらい，ありがとうございました。自分の頭の中に『思考枠組み』ができたようで，少し自信がつきました。ところで，会計的な話になりますが，M&A の時に発生する『のれん』についても，少し教えていただけないでしょうか」

中　野「なかなか勉強熱心ですね。では，良いワインバーが駅の北側にありますから，続きはそちらでやりましょうか。妻がワイン・テイスティングをしながら，待っているんです」

令　子「やったー。センセイ，そう来なくっちゃ！オーナーに黒板とシャンパーニュを用意するように電話します」

竹之内「奥さまも，土曜ゼミの『ご学友』になるわけですね」

中　野「ワインの『ご学友』ですけどね。はははは」

令　子「それから，もう一点だけ。株価が上がると企業価値は上がるのですか？　今さらですけど……」

中　野「令子さん，あなたは本当に投資銀行部門で働いているのですか？　卒業を取り消そうかな」

令　子「……（苦笑）」

ワインバーでの補講

 補講1 会計上の「のれん」の理解

　ここで少しテクニカルになりますが、会計上の「のれん」についてごく簡単に説明をします。**図表3-13**を見てください。資産200億円、負債140億円、純資産60億円の会社を買収するとしましょう。買収プレミアムとして30億円を上乗せして90億円で買収します。そもそも、なぜ純資産に上乗せをするのでしょうか。それは被買収企業には目には見えませんが、価値ある「見えざる資産」があるからです。優れた人材だったり、ブランド力などです。加えて、統合によるシナジー効果も含まれます。これらの部分に対して30億円の上乗せをするわけです。この部分は目に見えないため、「無形固定資

図表3-13：「のれん」発生のメカニズム

被買収企業 B/S

資産 200億円	負債 140億円
	純資産 60億円

買収金額

差額 30億円
純資産 60億円

➡

買収企業 B/S

資産	負債
のれん 30億円	純資産
資産	

図表 3-14：「のれん」の会計処理

日本基準
- 20年以内で毎期均等額を費用処理
- 価値が大きく下がった場合は減損処理

IFRS（国際会計基準）
- 毎期の費用処理はしない
- 価値が下がった場合，一気に減損処理

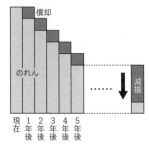
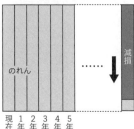

産」の分類中の「のれん」（goodwill）として貸借対照表上に計上されるというわけです。

さて一度計上された「のれん」はどうなるでしょうか。会計基準ごとに扱いが異なります。日本基準では，20年以内で毎期均等額をのれん償却費として費用計上することが求められています。一方，IFRS（国際会計基準）では毎期の費用処理は求められていません。そのかわり，毎期の減損テストの実施が求められます。事業から回収可能な金額が，当該事業資産帳簿価額とのれん帳簿価額の合計値を下回る場合には，減損処理をしなくてはなりません。将来キャッシュフローの予測をベースとして，事業価値を算出して，減損の有無をテストするものです。

日本基準でも，割引前キャッシュフロー合計が帳簿価額を下回っている場合には減損処理が求められます。

大型M&Aをした企業にとって，のれんの会計処理

の相違は会計上の利益を左右するかもしれません。しかし，いずれの会計処理方法を適用したとしても，基本的には新たにキャッシュフローが生じるわけではなく，会計上の差異に過ぎません。この点には注意が必要です。

> 「のれん」の会計処理が違っても，キャッシュフローは変わらない。

 補講2　JT の「のれん」は 1.4 兆円！

　積極的にクロスボーダー型の M&A 戦略を通じた企業成長をはかっている企業としては，日本たばこ産業（JT）が有名です。

　図表 3-15 は 2015 年 12 月期の JT の連結貸借対照表です。極めて特徴的なのは，「のれん」の大きさです。

図表 3-15：JT の貸借対照表の構成要素

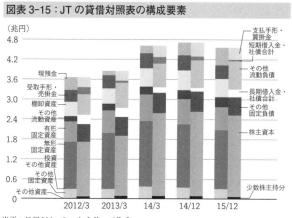

出所：日経 Value Search を使って作成

連結総資産は約 4.6 兆円です。そのうち,「のれん」は約 1.4 兆円を占めています。実に約 31% です。

　JT は 1999 年に RJR ナビスコ社の米国外たばこ事業を買収しました。そして 2007 年には英国ギャラハーを約 1 兆 7,800 億円で買収しました。その結果,巨額の「のれん」を計上しています。2016 年初頭には,ナチュラル・アメリカン・スピリット社の米国外たばこ事業を取得する予定だと発表しています。積極的なクロスボーダー型 M&A によって,企業成長を続けています。その結果,バランスシート総額の約 3 割が「のれん」となっています。同社は IFRS を採用していますので,「のれん」については規則的償却は行っていません。

 補講3 株価変動と企業価値の伸縮

　本章では M&A 公表時の株価変動について勉強しました。株価上昇と企業価値はどのような関係にあるのでしょうか。一般に企業価値は次のように定義できます。

企業価値 ＝ 株主価値 ＋ 債権者価値

　M&A 案件が公表されて買収企業の株価が上がったとしましょう。M&A のベネフィットがコストを上回り,価値を創造すると市場に評価されている証拠です。

　M&A 公表後の企業価値の増分は,M&A によって事業の価値が大幅に増加すると市場に期待されている状態を示しています（①）。その際,信用リスクに変化がなければ債権者価値は変化しません。そうすると,当該 M&A がもたらすと予想される価値増加分だけ株主価値

図表 3-16：株価変動と企業価値の伸縮

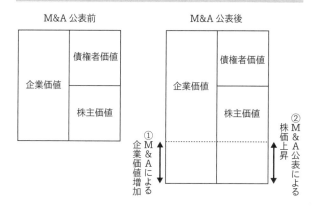

が増加します（②）。株価上昇はそれを反映していると理解することができます。株価が下落する場合には，逆のメカニズムが作用していると理解をしてください。

　企業に関する新規情報によって将来キャッシュフローに関する期待形成が改訂されると，企業価値が伸縮します。株価変動はそれを反映しているわけです。そして，さらに新しい企業情報がもたらされた場合，適宜，期待が改訂されていくのです。新規情報がもたらされても，財務報告上（会計上）の企業価値はすぐには変化しません。毎期の利益認識を通じて，ゆっくりと純資産簿価および貸借対照表が伸縮します。一方，コーポレートファイナンスでは企業価値を現在価値で捉えますので，その都度，価値変化を認識することになります。どちらが優れているという話ではなく，会計学とコーポレートファイナンスの思考方法の相違が表れています。

[Ⅳ]
資本市場との付き合い方を
どうするか

1 金融は偉大な平等化装置?

　本書の読者には当てはまらないと思いますが，金融や
ファイナンスと聞くと，世界を混乱させ，富の格差を招
くネガティブな存在だという印象を持つ人もいるかもし
れません。たしかに「行き過ぎた金融資本主義」につい
ては，そのとおりかもしれません。しかし現在の金融シ
ステムは，基本的機能として，機会平等を与えてくれて
います。金融が存在しないと，世界は大変困った状況に
なること必至です。

　シカゴ大学のジンガレス教授は，著書『人びとのため
の資本主義』（若田部監訳・栗原訳，NTT 出版，2013
年）の中で，次のように述べています。

　「金融へのアクセスの普及は，新たな企業家をシステ
ムに引き入れて，成功し成長するチャンスを与えるため
に重要なことだ。金融は偉大な平等化装置でもある。金
融システムがしかるべく機能しているとき，金よりもア
イデアがものを言う。つまり有能な人材は，個人の富に
関係なく，相手が誰でも直接競争できるということだ」

　資金調達システムが健全に機能していない国家では，
資金調達の道は既得権益者層のみに開かれています。経
済を牛耳っている一部の資本家，一族のみが資金調達可
能であり，事業展開を独占することができます。アイデ
アや才能がある若者でも，コネクションを持たない限り
は，資金調達が困難です。インド中央銀行総裁のラジャ

ン氏もジンガレス教授との共著書『セイヴィング・キャ
ピタリズム』（堀内他訳，慶應義塾大学出版会，2006
年）の中で，このような「クローニー資本主義」を批判
しています。その上で，次のように主張しています。

　「社会的関係が親密な人々への貸し出しが行われやす
　いという現象は，常軌を逸した文化的性向ではなく，む
　しろ金融インフラストラクチャーの発達の遅れを示して
　いる」

　現在でも，ラテン・ヨーロッパ，南米の国々の中には，
資本主義とはいえ「クローニー資本主義」の要素が色濃
く残っている地域もあります。一方，金融インフラスト
ラクチャーが十分に発達したオープンな資本主義経済で
は，特定のコネクションがなくとも，事業アイデアや才
能がある限り，資金調達の道が開かれています。資金の
潜在的提供者は透明性の高い情報開示制度を通じて当該
ビジネスを評価し，資金を提供します。自分の評価が適
切だった場合には，適切なリターンを獲得できる可能性
があるからです。アングロサクソン諸国（アメリカ，イ
ギリス，カナダ，オーストラリア，ニュージーランド）は
その典型ですし，近年の日本もそのような状況にありま
す。特定のコネクションや富を持たない若者でも，革新
的なアイデアを持ち，熱意に満ち溢れ，努力を惜しまな
い人には，ベンチャー・キャピタルからの資金投資やIPO
という資金調達の道が開かれているのです。世界を混乱
に陥れる「行き過ぎた金融資本主義」は望ましくありま
せん。けれども健全な金融システムは，人々に資金調達

機会の平等を与えてくれる点を忘れてはいけません。

2　日本における資金調達の歴史

　さて，ここで日本企業の株主資本比率の時系列推移グラフを見ながら，わが国の資金調達の歴史をごくごく簡単に振り返ってみましょう（**図表 4-1**）。

　世界の資本主義国家を見渡すと，概念的に「市場中心型経済（market-oriented economy）」と「銀行中心型経済（bank-oriented economy）に二分することができます。前者の代表はアングロサクソン諸国です。一方，後者の代表例は日本やドイツです。日本は長らく，メインバンク制を基盤として，企業成長，国家の経済成長を実現してきたのは周知のとおりです。

　第二次世界大戦以降のダイナミックな経済環境の変化

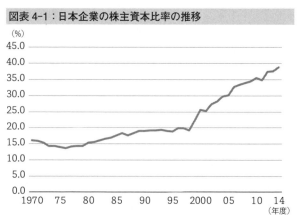

図表 4-1：日本企業の株主資本比率の推移

出所：『法人企業統計調査』。金融業・保険業以外の業種，全規模が対象。

と，メインバンク制が果たしてきた機能・功罪に関しては，さまざまな議論が蓄積されてきました（この点の詳細に関しては，例えば，花崎正晴著，『コーポレート・ガバナンス』，岩波新書を参照）。

　1970年から1980年代中頃までは株主資本比率は15％程度を推移しています。残りは負債ですから，日本企業の資本構造はかなりの「負債依存型」だったと言えるでしょう。若い読者は，「日本企業の株主資本比率の平均値が15％だった」と聞くと，非常に驚くことでしょう。しかし，この頃の日本企業の財務状態は脆弱だったのです。直接金融の市場に制約が残されていたことも原因の1つでしょう。

　その後，バブル経済の時代には多くの上場企業がエクイティ・ファイナンスを実行しました。転換社債，ワラント債の発行が相次ぎ，株式市場からの資金調達が急増しました。その影響もあり，株主資本比率は徐々に上昇を始めます。そして，その後は日本企業の利益獲得能力の向上，内部留保傾向の上昇などもあり，株主資本比率は2014年度には38.9％という水準まで高まりました。45年間で15％から38.9％までの上昇です。そして第2章でも議論をしたとおり，現在では「厚すぎる内部留保」に対して，ペイアウト圧力が高まるほどになっています。時代の流れを感じさせます。

3　社債市場の発展

　近年の低金利を受けて，多くの事業会社が社債を発行しています。社債は企業から見れば負債ですが，銀行借

り入れとは違い，直接金融による資金調達手段です。つまり，資金需要者である企業は，金融仲介者である銀行に依存する必要はありません。自社の社債証券を，直接，投資家に販売することで資金調達が可能です。もちろん，手続き的には引受業者である証券会社にさまざまな手続きを手伝ってもらいます。証券会社にとって社債の引受業務（アンダーライティング業務）は，主要な業務の1つです。けれども，あくまでも主役は資金需要者たる企業，そして資金供給者としての投資家です。

　歴史的に見ると，日本ではいわゆる「起債会」によって，厳しい債券発行条件が課されていました。純資産額，自己資本比率，インタレスト・カバレッジ・レシオなどについて厳格なハードルが設けられ，財務安全性が極めて高い企業のみに門戸が開かれていました。しかし1996年に，これらの条件が完全に撤廃され，自由化が一気に進展しました。近年では，毎月のように多くの事業会社が社債を発行しています。普通社債に限ってみても，2014年度には439本の社債が発行されています。

　日本証券業協会が公表している「公社債発行額・償還額」のデータによれば，2014年度に日本企業が発行したフローの普通社債総額は約8.7兆円です。ストックである発行残高は59.2兆円（2014年度末）にも上ります。現在では社債発行の際には，社債格付け機関（rating agency）が大きな役割を果たしています。

4　レバレッジを上げるとWACCは下がるか?

　株式発行，社債発行，銀行借入など，企業にとって資

金調達の選択肢は広がっています。資金調達手法は資本構成に影響を与えることになります。それでは，資本構成を変えると企業価値は変わるのでしょうか。ちまたで議論されているように，財務レバレッジを上げると企業価値が上がるのでしょうか。基礎的な議論から考えてみましょう。

MM 第 1 命題

この分野では，モジリアーニ教授とミラー教授の「モジリアーニとミラーの命題（MM 第 1 命題）」があまりにも有名です。法人税がない場合，企業の資本構成は企業価値には影響しないという主張です。「法人税がない場合」という点がミソです。

> MM 第 1 命題：法人税がない場合，資本構成は企業価値には影響しない

企業価値を決めるのはあくまでもバランスシートの左側，すなわち事業です。右側の株主と債権者は，その企業価値をシェアしあうに過ぎません。この命題を資本コストの観点から表現するならば，資本構成を変えても，加重平均資本コスト（WACC：Weighted Average Cost of Capital）は変化しないことを意味します。法人税がない場合の WACC は次式で表現されます。

$$WACC = r_A = \left(r_D \times \frac{D}{D + E} \right) + \left(r_E \times \frac{E}{D + E} \right)$$

ここで，r_A は資産に対する期待収益率，r_D は負債コ

スト，r_E は株式資本コスト，D は負債の額，E は株式資本の額を示します。さて，ここで賢明な読者の皆さんの脳裏には，次のような疑問が浮かぶことでしょう。すなわち，

「調達コストの低い負債が増えれば，WACC は低下するのではないだろうか？」

「MM 第 1 命題」では，この疑問は否定されます。財務レバレッジが高まると株式資本コストが上昇するため，WACC は変わらないのです。バランスシートの左側，すなわち事業リスクが変わらない限り，WACC は変わりません。WACC はあくまでも事業リスクを反映するのです。事業リスクを勘案して，負債コスト，株式資本コストが決定されてくるのであって，逆ではありません。

図表 4-2：財務レバレッジの変化と WACC（法人税がないケース）

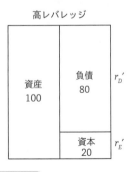

因果関係を逆転させて誤解をしてはいけません。この点を理解するために，次の設例で説明をしましょう。

いま事業内容は変更せず，財務レバレッジだけが異なる2つの状態を想定します。事業資産は100です。ただし，2つの状態は資本構成が対照的です。低レバレッジのケースでは負債が20，資本が80です。一方，高レバレッジのケースでは負債が80，資本が20です。

この場合，負債コストと株式資本コストはどのように変化するでしょうか。まず株式資本コストから考えます。財務レバレッジが高くなると，支払利息という固定的要素が増加し，株主にとってのリスクが上昇します。事業リスクは不変なのに，債権者は倒産時以外にはリスクを負担しませんから，株式1単位あたりの負担するリスクが増大します。財務諸表分析的に表現するならば，財務レバレッジが上昇するとROEの上下変動幅が大きくなります。それゆえ，株主の要求リターンも高まるのです（$r_E < r_E{}'$）。自分が株主だと想定すれば，明らかでしょう。事業内容は変わらず，資本構成が「負債2：資本8」から「負債8：資本2」に変化した場合，株主であれば当然のことながら高いリターンを求めることでしょう。

一方，高レバレッジになり，デフォルトリスクが高まると，負債コストは上昇します（$r_D < r_D{}'$）。自分が銀行の融資担当者である場合，あるいは社債購入を検討している投資家だと想定すれば自明です。レバレッジが高まり，信用リスクが高くなるわけですから，要求する金利は高くなるはずです。

議論をまとめます。財務レバレッジを上げると，負債

コストも株式資本コストも上昇します。ただし，相対的にコストの低い負債のウェート（D /（D ＋ E））が大きくなり，全体としての期待収益率（WACC）は変わらないのです。バランスシートの左側すなわち事業はまったく変わっていないので，事業リスクも不変です。不変の事業リスクを反映して，右側から算出する場合のWACCも変わらないのです。

それでは，株式資本コストはどの程度上昇するのでしょう。それを教えてくれるのが，「MM 第 2 命題」です。

MM 第 2 命題

MM 第 2 命題：
法人税がない場合，借入れを行なっている企業の株式の期待収益率は，市場価値で示された D/E レシオに比例して増加する

これを数式で表したのが，以下の式です。r_E は株式資本コスト，r_D は負債コスト，r_A は総資産の期待収益率です。

$$r_E = r_A + (r_A - r_D)\frac{D}{E}$$

株式資本コストは財務レバレッジ（D/E）に比例して上昇します。財務レバレッジを高めると，株主が負担するリスクが高まることから，株主が要求するリターンも高くなるのです。

法人税のない世界では，「レバレッジを上げて WACC

118

を下げましょう」という言説は成立しえないのです。

法人税があるケース

前述の議論は法人税がないケースです。しかし，現実の世界には税金が存在します。税金がある場合，MM命題は次のとおり修正されます。

法人税があるケースの修正 MM 第 1 命題：

負債を用いると節税効果分だけ企業価値が高まります。

負債の支払利息の課税所得控除から生じるタックス・ベネフィットを考慮する必要があります。企業価値が高まる裏側では，税引後 WACC が法人税率（t）の分だけ低下しているのです。

$$WACC = r_A = \left(r_D \left(1 - t \right) \times \frac{D}{D + E} \right) + \left(r_E \times \frac{E}{D + E} \right)$$

法人税があるケースの修正 MM 第 2 命題：

法人税がある場合も，株式資本コストは財務レバレッジに比例して上昇します。ただし，傾きは（1 - t）分だけ緩やかになるのが，法人税がない場合との違いです。ここで t は法人税率です。

$$r_E = r_A + \left(r_A - r_D \right) \left(1 - t \right) \frac{D}{E}$$

以上を要約しましょう。法人税が存在するケースでは，

負債の節税効果によって，負債コストの面でベネフィットが存在します。また，株式資本コストの上昇幅も抑制されます。そのため，少しだけ WACC が低下し，企業価値が高まります。

しかし中央大学の花枝教授らの上場企業を対象とした意識調査（2013 年実施）からは，日本企業では節税効果は重要視されていないことが分かっています。具体的には，「負債による節税効果」が「貴社の負債による資金調達に際して，どのくらい重要ですか」という質問事項がありましたが，回答結果は次のとおりです。

「非常に重要」と「ある程度重要」と回答しているのは合計 17.1％に過ぎません。一方で，「あまり重要でない」と「まったく重要でない」と回答しているのは実に合計 59.7％に上ります。約 6 割の日本の上場企業は，

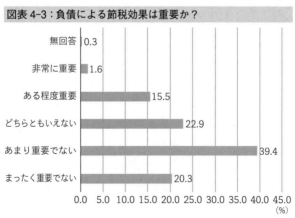

図表 4-3：負債による節税効果は重要か？

無回答	0.3
非常に重要	1.6
ある程度重要	15.5
どちらともいえない	22.9
あまり重要でない	39.4
まったく重要でない	20.3

0.0 5.0 10.0 15.0 20.0 25.0 30.0 35.0 40.0 45.0
(%)

出所：花枝英樹・佐々木隆文・佐々木寿記，「資金調達・現金保有に関する企業の意識調査　基本集計結果」，2013 年

負債の節税効果を重要だとは意識していないのです。理論と実際では，微妙なズレがあるようです。

この点に関しては個人的な経験があります。ある日本の大企業の経営幹部研修の場で，負債の節税効果を説明したところ，ある部長さんから反論がありました。

「わが社では納税は良き企業市民としての当然の義務だと考えています。節税をすれば，自分の会社にとっては良いことかもしれませんが，国家への納税額が減ってしまいます」

なんとも立派な見識をお持ちだと思いました。日本企業では，節税効果は主たる役割を果たしていないのだと痛感した瞬間でした。昨今の欧米では，国際的企業による行き過ぎた節税行動が批判されていますが，それとはだいぶ様相が異なります。

さて話を戻しましょう。賢明な読者の方からは，次のような質問が飛んでくることが予想されます。つまり，「負債活用で価値が生み出せるのであれば，多くの企業がレバレッジをどんどん高めるはずではないのか？」というものです。実際にはここでは想定していない倒産コストの存在のため，過度な負債利用には歯止めがかかり，最適な資本構成に落ち着くものと考えられます。要するに，負債を活用すると節税効果で少しだけ得をするが，あまりに負債依存度を高めると倒産確率も高まってしまうので，両者のバランスによって企業は最適資本構成を決めているのではないか，という考え方です。この説明は「トレードオフ理論」と呼ばれており，より現実的な

説明だと考えられています。

令　子「センセイ，MM 理論はよく分かりました。い
　　　　まさらながらの質問ですが，株式資本コストの
　　　　推計について，説明していただけませんか？」

中　野「え？　大学時代のゼミで，相当に詳しく勉強し
　　　　ませんでしたか」

令　子「いや，あの時は優秀な仲間がほとんど分析して
　　　　くれて，私はグループワークのプレゼンだけを
　　　　担当していたんです……」

竹之内「お恥ずかしい話ですが，私も普段は財務部の人
　　　　たちにお任せしていますから，具体的にどの数
　　　　値を使うべきなのか，分かっていません」

中　野「そうですか。株式資本コストの構成要素，ちょ
　　　　っとした注意点なども解説しましょうか」

令　子「やったぁ！　上司からも，この点をよく聞いて
　　　　くるように言われているんです」

中　野「少し疲れましたので，休憩しましょう。カフェ
　　　　ラテ 3 人分，買ってきてもらえますか？」

令　子「はーい。大学通りのカフェで買ってきます！」

5　株式資本コストの構成要素の実際

　第 1 章の講義で CAPM について説明をしました。思
い出してください（忘れてしまった人は，36 ページを
復習してください）。

（CAPM）

株式期待収益率

＝（リスク・フリー・レート）＋（株式ベータ）×
（株式市場リスク・プレミアム）

＝　　　　　　Rf　　　　　　＋　　β　　×
MRP（Market Risk Premium）

MRP ＝（市場ポートフォリオの期待リターン）−（リスク・フリー・レート）

　投資家視点からすると「株式期待収益率」「要求収益率」であり，裏側の経営者視点からすると「株式資本コスト」ということになります。いずれにせよ，インプットする要素は3つです。①リスク・フリー・レート（Rf），②株式ベータ（β），③株式市場リスク・プレミアム（MRP）です。

Rf と MRP

　②の株式ベータは個々の企業ごとのリスク指標です。これについての注意点は，後述します。①リスク・フリー・レート，③株式市場リスク・プレミアムに関して，世界の国々ではどんな数値が使用されているのでしょうか。

　スペインの IESE ビジネススクールの Fernandez 教授らのサーベイ調査が参考になります。欧米6カ国の証券アナリストによる 156 本の企業調査レポートを題材としています。具体的には，フランス，ドイツ，イタリア，スペイン，イギリス，アメリカにおける企業評価のアナリストレポートに着目しています。

図表 4-4：欧米 6 カ国のアナリストレポートに示された数値

アナリスト レポートの日付	アナリスト 所属金融機関	分析対象企業	Rf	MRP	Rf + MRP
2015 年 9 月 15 日	Societe Generale	LVMH(仏)	2.00%	5.00%	7.00%
2015 年 7 月 30 日	HSBC	Glaxo Smith Kline (英)	3.50%	3.50%	7.00%
2015 年 6 月 8 日	JP Morgan	Tesla Motors(米)	1.80%	7.50%	9.30%
2015 年 4 月 20 日	HSBC	Telefonica (スペイン)	3.50%	5.50%	9.00%
2015 年 2 月 18 日	Commerzbank	Bayer (独)	1.50%	4.00%	5.50%
2015 年 2 月 17 日	ICBPI	Pirelli (伊)	2.10%	5.00%	7.10%

出所：Fernandez, P., A. Ortiz and I.F. Acin, 2015 "Huge dispersion of the Risk-Free Rate and Market Risk Premium used by analysts in USA and Europe in 2015" *Working Paper* (SSRN).

　各国企業の具体例の抜粋を**図表 4-4** に示します。例えば最上段に示したのは，フランスのモエ・ヘネシー・ルイ・ヴィトン社（LVMH）に関するアナリストレポートです。LVMH は次のようなブランドを保有する複合コングロマリット企業です。ファッションのルイ・ヴィトン，セリーヌ，ディオール。宝飾品ではブルガリも傘下にあります。シャンパーニュでは優雅に輝くヴーヴ・クリコ，クリュッグ。ワインではサンテミリオン地区のシャトー・シュヴァルブラン，世界最高のデザートワインを産するシャトー・ディケムなどを所有しています。アイラ島モルト・ウィスキーのアードベッグも傘下に入っています。

　このレポートの執筆者はフランスの金融機関ソシエテ・ジェネラル社の証券アナリストです。そこでは，Rfとしては2%，MRPとしては5%が使用されています。

　この事例のように，156本のアナリストレポートを精査し，RfとMRPの数値を集計したわけです。それらの国別の平均値を示したのが，**図表4-5**です。Rfは3%前後が用いられていることが分かります。一方，MRPは5%前後が平均値です。両者合計（Rf＋MRP）になると平均値は8%台になります。この段階では個別企業ごとの株式ベータは勘案していませんが，平均的な企業の株式資本コストは8%前後ということになります。

　ここで紹介した以外の世界各国の様子はどうでしょうか。IESEビジネススクールのFernandez教授たちは別の調査を実施しています。2014年に世界88カ国で用いられているMRPに関する調査です。世界中から8,228の回答を得ています。

　その内訳は，大学教授が2,022人，証券アナリストが

図表4-5：欧米6カ国のアナリストレポートに示された数値の平均値

	Rf	MRP	Rf＋MRP
フランス	3.1%	5.2%	8.3%
ドイツ	2.7%	5.7%	8.4%
イタリア	2.8%	5.4%	8.2%
スペイン	3.1%	5.3%	8.4%
イギリス	3.3%	4.8%	8.1%
アメリカ	3.4%	5.8%	9.2%

出所：図表4-4を参照

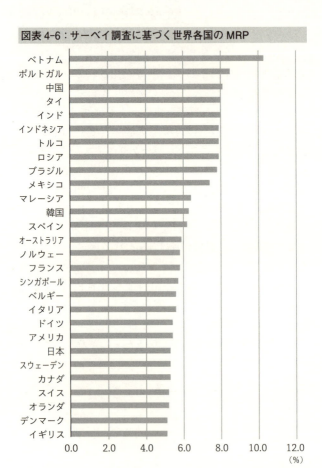

図表 4-6：サーベイ調査に基づく世界各国の MRP

出所：Fernandez, P., P. Linares and I. Fernandez, 2014 "Market Risk Premium used in 88 countries in 2014: a survey with 8,228 answers" *Working Paper* (SSRN).

1,278 人，事業会社が 1,958 社，金融機関が 1,803 社，その他が 884 です。基本的な質問票調査です。具体的な調査項目は以下のとおりです。

Question：The Market Risk Premium that I am using in 2014 for my country

_____ is：_____ %.
　　　（国名）　　　　　　（数値）

　そしてそのサーベイ結果を国別に集計したものの抜粋が**図表4-6**です。

　全体的な傾向としては，新興国の MRP が高水準であり，先進国は低水準です。ベトナムは 10.3%，中国は 8.1% です。インド，インドネシア，トルコ，ロシア，ブラジルなども約 8% です。これらの諸国では，国債を買わずに株式を買うことのリスクは大きく，それに伴って投資家が求めるプレミアムも高いということでしょう。それに対して日本 5.3%，アメリカ 5.4%，ドイツ 5.4% と先進国は軒並み低水準です。

6　日本のヒストリカル MRP

　ここで日本のヒストリカルな MRP のデータを見てみましょう。将来の MRP を現時点で知ることはできません。そこで代替的な手段として 2 つの方法があります。第 1 に，すでに説明したように，サーベイ調査から得られる人々の期待値を使う方法があります。第 2 に過去のデータを使うヒストリカル・アプローチがあります。ヒストリカル・アプローチでは過去の MRP の平均値を

とって，それが将来の MRP の代替値になりうると想定しています。

その場合，データ取得の開始時点，終了時点の選択をする必要があります。**図表4-7** は 1960 年を開始時点とした場合の，MRP を表示しています。1970 年であれば，1960 年から 1970 年までの年次 MRP の時系列平均値（6.6%）を指します。2015 年の欄には，1960 年から 2015 年までの年次 MRP の時系列平均値（6.1%）が表示されています。1960 年から 1972 年までの平均 MRP は 15.8% にも上っています。ちょうど高度経済成長の

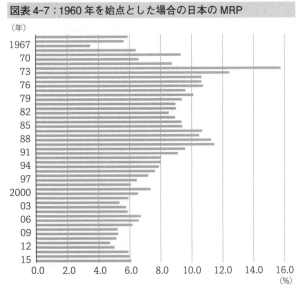

図表4-7：1960 年を始点とした場合の日本の MRP

出所：SPEEDA。1960 年を始点として計測したヒストリカル MRP を表示。例えば 2015 年の値は 6.1% であるが，これは 1960 年から 2015 年までの 55 年間の年次 MRP の時系列平均値を意味する。

図表 4-8：1980 年を始点とした場合の日本の MRP

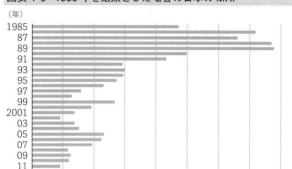

出所：SPEEDA。1980 年を始点として計測したヒストリカル MRP を表示。例えば
2015 年の値は 4.3％であるが，これは 1980 年から 2015 年までの 35 年間の
年次 MRP の時系列平均値を意味する。

期間を含んでおり，株式市場の持続的成長が観察された
ことが影響しています。

　古くまで遡るとデータ数が増えますが，将来の期待
MRP からは乖離する可能性も高まります。そこで，開
始時点を 1960 年ではなく 1980 年に設定したのが**図表
4-8** です。1980 年から 2015 年までの平均 MRP は 4.3％
にまで低下します。日本に関しては，先ほどのサーベイ
調査に基づく MRP が 5.3％，ヒストリカル・アプロー
チに基づく MRP が 4.3％ですから，企業実務で 4％か
ら 6％のレンジの数値が用いられているのは，適切な対
応だと考えてよいでしょう。

　スタンフォード大学ビジネススクールのバーク教授と
ディマーゾ教授が執筆している MBA 向けテキスト『コー

ポレートファイナンス第2版』（久保田他訳，丸善出版，2014年）には，米国の MRP に関する記述があります。1926年から2009年までの期間で計測すると 5.7%です。しかし，より新しい期間として1959年から2009年までを対象とすると 3.7%に低下しています。

　先進国では株式市場に参加する投資家が増加してリスク分担が容易になった点，金融革新によって分散化コストが減少した点などにより，株式保有のリスクが減少し，結果的に投資家が要求するプレミアムが減少したものと解釈することができます。

7　株式ベータの決定要因

　第1章において CAPM について簡単に説明をしました。その際，個別企業ごとのリスク測定尺度として株式ベータが登場しました。株式ベータは市場インデックス（例えば，TOPIX, S&P500, FTSE100, Hang Seng 指数，MSCI ワールド・インデックスなど）に対する個別証券の感応度で計測されます。

　「株式ベータ = 1」の企業というのは，市場インデックスが動いた時に同じような水準で株価が連動する企業です。日経平均が3%上昇したら，その会社の株価も3%上昇するわけです。「株式ベータ = 1.5」の企業の株価は市場全体の動きが1.5倍に増幅されて上下動します。一方で，「株式ベータ = 0.5」の企業はリスクが低く，市場が3%動いても半分の1.5%しか株価が変動しないような企業です。

　株式ベータの決定要因としては，第1に事業リスク，

第2に費用構造，第3に資本構成が挙げられます。第1の事業リスクですが，事業リスクが高い企業ほど株式ベータは高くなります。第2の費用構造は，固定費と変動費の割合がどうなっているかです。営業レバレッジなどと呼ばれることもあります。固定費の割合が高いほど業績の変動性が高まり，株式ベータも高くなります。第3に，財務レバレッジが高いほど株式ベータは高まります。同一業界で競争している2つの企業でも，財務レバレッジ水準が異なれば，株式ベータは変わってきます。

ベータは変動する

　さて，ここで注意すべきポイントは，個別企業の株式ベータは常に一定ではない点です。例えば事業ポートフォリオの大幅な入れ替えがあれば，事業リスクが変動します。売上や利益のボラティリティが変化すると，当然のことながら株式ベータも変化するのです。

個別企業の株式ベータは常に一定ではない

ワイン会社のベータ

　その点を考慮すると，株式ベータの計測期間として，どの程度の長さで，いつまでヒストリカルに遡るかという点は極めて重要になってきます。**図表4-9**はオーストラリアの Treasury Wine Estates Ltd.（TWE）の株式ベータです。TWE はラグジュアリー・クラスからプレミアム・クラス，そしてスタンダード・クラスのワインを扱う国際的な企業です。ワインに詳しい方であれば，

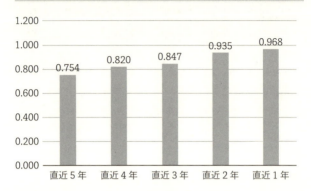

図表 4-9：Treasury Wine Estates Ltd. の株式ベータの推移

出所：SPEEDA より 2016 年 1 月末日に筆者集計

Penfolds, Wolf Blass, Beringer, Lindemans などの「オージーワイン」のブランド名を聞いたことがあるかもしれません。

このデータから分かるのは，計測期間を過去に遡るほど，TWE 社の株式ベータが低下する点です。過去 5 年間のデータを用いると 0.754 ですが，直近 1 年間のデータを用いると 0.968 となり株式ベータは 1 に近づいてきています。5 年前まで遡ると，ワインは景気との連動性が低かったようです。その後は，徐々に経済一般との連動性を高めてきています。ワインが人々の生活に身近なものになったからかもしれません。

低下するフィリップス社のベータ

「株式ベータの時系列変化」という現象は，他の企業でも頻繁に目にすることができます。オランダの電機大

図表4-10：フィリップス社の株式ベータの推移

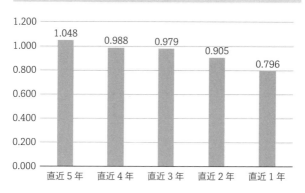

出所：SPEEDAより2016年1月末日に筆者集計

手フィリップス社の場合を見てみましょう。同社は1891年に創業し白熱電球の製造からスタートしました。その後は周知のとおり，ラジオ，電気通信装置，半導体などにも拡大し，総合エレクトロニクスメーカーとなりました。特にソニーと共同開発したCDは世界的な製品でした。

　大手の総合エレクトロニクスメーカーに共通してみられる現象ですが，同社の株式ベータは「1」に近い水準でした。経済一般との連動性が高いのが特徴です。ところが，直近になると，株式ベータが徐々に低下傾向にあります。直近1年間では，0.796まで下がってきています。同社のリスクはなぜ低減しているのでしょうか。

　2015年の売上構成で見ると，ヘルスケア事業が46%，コンシューマー・ライフスタイル事業が23%，ライティング事業が31%です。同社は健康・医療分野

の製品から情報サービスまでを扱う「総合ヘルスケア企業」へと変身しようとしています。MRI，血管撮影装置，超音波診断装置等はその代表的な製品です。「総合ヘルスケア企業」への変身過程においては，半導体事業，携帯電話事業，液晶パネル事業，音響機器事業を売却しています。さらには，世界シェア首位の照明部門を分離する意向も表明しています。2015年度におけるヘルスケア事業の売上高は109億ユーロにまで成長しています（*Royal Philips Fourth Quarter and Full Year 2015 Results Information Bookle*t，2016年1月26日より）。

　このような事業ドメインの転換が株式ベータの低減にも顕現化しているのです。一般に，医療，医薬品セクターの企業は「低ベータ」です。なぜなら，これらのセクターの業績は経済一般の動きとは連動が低いからです。皆さんも，景気の良い悪いで，通院回数を増減することはないでしょう。病院も景気変動で患者への治療方針を変更することはありません。ヘルスケア事業への事業領域転換を反映して，フィリップス社の株式ベータも低減していることが想像できます。

　一般には「株式ベータの変動性」については議論されることが稀です。ここに注意すべき点が隠れています。DCF法を用いた企業評価をする際には，WACCが不可欠です。そして，WACCの算出には株式ベータが必要です。そして，株式ベータの推計をする際，統計的な確からしさを高めようとすると，なるべく多くの観測値が必要となります。そうすると，できるだけ過去に遡って，データ数を増やしたい誘惑に駆られます。

　しかし，ここに「ベータ計測の落とし穴」が待ってい

ます。ヒストリカル・データの数を求めるがあまり，過去へ過去へと遡ると，現在の企業リスクからかけ離れた「昔のリスク」を測ることになってしまうからです。特に近年，M&A&D が盛んになっているため，各社の事業ポートフォリオはダイナミックに変化しています。事業の多様性が増えたり，減ったりします。その場合，できるだけ新しいデータに基づいて，最新の株式ベータを計測する必要があります。

　本来，私たちが知りたいのは，現在および将来の企業リスクだからです。「株式ベータは一定」という固定観念は捨てなくてはなりません。M&A に絞って議論をすると，買収対象企業の DCF 評価をする際，割引率および株式ベータには何を使うべきでしょうか。実は，この論点は単純ではありません。経営とファイナンスの双方に目配りをしたプロフェッショナルになるには，このような点に関する深い理解と洞察が求められてきます。

世界的なクルーズ会社のベータは安定的

　株式ベータの変動性を少し強調しすぎたかもしれませんので，安定的な会社の事例も紹介しておきましょう。Carnival 社は 100 隻の客船を擁する世界的なクルーズ会社です。第 1 章で取り上げた資源会社 BHP Billiton 社と同様に二元上場会社（dual-listed company）です。

　Carnival Corporation の株式はニューヨーク証券取引所で，Carnival plc の株式はロンドン証券取引所に上場されています。Carnival 社はアメリカ S&P500 インデックスとイギリス FTSE100 インデックスの両方に選ばれている世界で唯一の会社です。その事業エリアは，北

米・南米，イギリス，ドイツ，イタリア，フランス，スペイン，オーストラリア，日本を中心としています。そして航海するエリアはまさに，海と港がある限り，世界中どこまでも広がっています。クイーン・エリザベス号も同社所有の豪華客船です。

2015年11月期の売上高は約157億ドル，当期純利益は約18億ドルです。一方，株式市場の同社に対する評価は極めて高く，PERは20倍を超え，2016年3月末時点の株式時価総額は419億ドルです。日本円換算すると約4.7兆円ですから，世界的規模のクルーズ会社です。従業員は12,900人です。

同社は世界的に有名なクルーズ・ブランドを有しています。Carnival（24隻），PRINCESS CRUISES（18隻），Holland America Line（15隻），SEABOURN（5隻），CUNARD（3隻），AIDA（10隻），Costa Cruises（15隻）などです。読者の皆さんも海外旅行・出張の際に，世界のどこかの港で巨大なクルーズ船を目にしたことがあるかもしれません。その中には，同社のクルーズ船が含まれていたことでしょう。

余談になりますが，以前，私が在外研究でシドニーに住んでいた時，「サーキュラー・キー」という港に面した場所に部屋を借りていたことがありました。「オペラ・ハウス」のある港です。そこでは，夏の時期，毎朝6時になると勇壮な汽笛とともに，巨大なクルーズ船が入港します。乗客は下船をして，市内観光を楽しみます。そして12時間後の夕方6時になると，今度は賑やかな音楽を奏でながらの出航です。乗客はデッキやベランダに出て手を振りながら，別れを惜しみます。それに応えて，

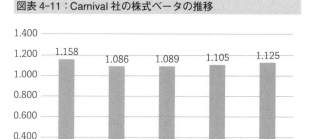

図表 4-11：Carnival 社の株式ベータの推移

出所：SPEEDA より 2016 年 3 月末日に筆者集計

私たちもベランダから手を振ったことを懐かしく思い出します。毎日、違う船が入港していましたが、クルーズのブランド名こそ違えども、実はそのうちの約半数はCarnival 社所有の豪華客船だったことを、後になって知りました。

　さて、Carnival 社の株式ベータを示したのが、**図表 4-11** です。直近 1 年で測ると 1.125 です。5 年前まで遡ってみても、ベータは 1.158 です。若干の変動はありますが、ほぼ安定的といって問題ないでしょう。同社はいくつかの有名なクルーズ会社を買収して成長していますが、それらは基本的には同一産業内の買収です。地理的な拡張、ターゲットとなる顧客層の拡張などがあるとはいえ、多角化をしているわけではありません。あくまでもクルーズ事業ですから、事業リスクは変わりません。それを反映するかのように、株式ベータもさほど変わら

ないというわけです。今日も多くのゲストを乗せて，同社の豪華客船は世界の海を旅していることでしょう。

コーヒー・ブレイク

令　子「センセイ，なんだか大学の講義みたいで，頭が混乱気味です。もう少し分かりやすい話にしてください。もう私の頭脳は疲れ果てました」

竹之内「そうですね。大変興味深いお話ですが，少しテクニカルな要素が強い印象です。もう少しわれわれが身近に感じるようなトピックにしていただけると助かります，はい」

中　野「そうですか。例えば，どんなトピックですか？」

竹之内「わが社では将来，事業拡大する際に増資をする可能性があります。ただ，うちの CFO に言わせると，増資をすると株価が下がるらしいのです。それは，どういうふうに理解すればよいのでしょう」

中　野「分かりました。その前に令子さん，もう一度コーヒーとドーナツを買ってきてください」

令　子「そろそろワインじゃないんですか？」

中　野「講義はまだ続きますよ。それに，私は明るいうちは，ワインはいただきません」

令　子「はーい。最近オープンしたばかりの，大学通りのカフェで買ってきます！」

8　増資をすると株価は下がるのか？

ここまでは主として理論の世界の話をしてきました。

もう少し現実的な世界の話に戻ったほうがよいかもしれません。社長から質問のあった増資について，考えてみましょう。既に上場している企業が株式を発行して資金調達することを増資（seasoned equity offering：SEO）と呼びます。Seasoned という単語は，「味付けをした」という料理に関係した意味を持ちますが，その他に「経験豊かな」という意味もあります。経験豊かな上場企業による増資ということになります。

　実務においては，「増資をすると株価が下がる」というのが，従来の一般的な見解でしょう。アメリカのMBA プログラムの定番テキストの 1 つ，*Principles of Corporate Finance* というロングセラーを見てみましょう。ロンドン・ビジネススクールのブリーリー教授，MIT スクール・オブ・マネジメントのマイヤーズ教授，ペンシルバニア大学ウォートン・スクールのアレン教授によるものです。日本語訳もあります。『コーポレート・ファイナンス第 10 版』（藤井・國枝監訳，日経 BP 社，2014 年）です。

　そこで彼らは，普通株式による増資の発表が株価の下落をもたらす点について，「米国の工業株では，この下落は約 3％に達している」と述べています。

　なぜ，平均的には増資の公表は株価の下落をもたらすのでしょう。一時的な需給関係に基づく説明，あるいはディスカウント価格での発行に基づく説明等の実務的な要因を除くと，一般的には次の 2 つの説明がなされます。第 1 は「マーケット・タイミング仮説」です。企業経営者は自社の株価の動向を見て，株価が高い時（タイミング）を見計らって増資をするという説明です。同一株

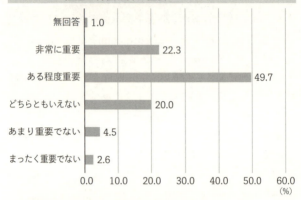

図表 4-12：株式発行による資金調達に際して，直近の株価上昇は重要か？

出所：花枝英樹・佐々木隆文・佐々木寿記「資金調達・現金保有に関する企業の意識調査　基本集計結果」2013 年

数の発行によって，より多くの資金を調達することが可能だからです。株価が過小評価されている時に株式を発行しようとする経営者は多くはないでしょう。適正価格よりも過大評価されているタイミングで増資を行うものと，情報劣位の市場参加者は考えることから，公表時に株価が下落するという説明です。

　先ほどと同様，中央大学の花枝教授らの上場企業を対象とした意識調査（2013 年実施）が参考になります。株式発行による資金調達に際して，「直近の株価上昇」が「非常に重要（22.3％）」および「ある程度重要（49.7％）」と回答した企業は，72％に上ります（**図表4-12**）。増資に際してはマーケット・タイミング仮説による説明の妥当性がうかがえます。

常識を疑え！　「希薄化」対「濃縮化」

　第2の説明は，1株当たり利益（EPS）の希薄化
（dilution）によって株価下落が生じるとする説明です。
こちらに関しても，上述の調査によると，株式発行によ
る資金調達に際して，「EPSの希薄化」が「非常に重要
（19.7％）」および「ある程度重要（52.3％）」と回答し
た企業は，合計で72％に上ります（**図表4-13**）。

　EPSは当期純利益を発行済み株式総数で除したもので
す。増資によって資金調達をした瞬間は，分母の発行済
み株式総数が増えるため，EPSは下がります。これを希
薄化と呼びます。そうすると，やはり株価は下がるので
しょうか。ここで思考停止するのではなく，もう少し一
緒に考えてみましょう。

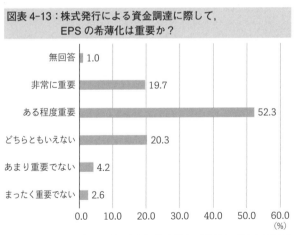

図表4-13：株式発行による資金調達に際して，
　　　　　EPSの希薄化は重要か？

出所：花枝英樹・佐々木隆文・佐々木寿記「資金調達・現金保有に関する企業の意
　　　識調査　基本集計結果」2013 年

図表 4-14：SEO 前後の ROE の変化

SEO 前

資産 100億円	資本 100億円

当期純利益　10

ROE = 10/100
　　　= 10%

SEO 後

資産 100億円	資本 100億円
調達現金 100億円	増資部分 100億円

当期純利益　10

調達時ROE = 10/200
　　　　　= 5%

SEO後のROE = ？？？

　増資前の資産が 100 億円，資本 100 億円，当期純利益 10 億円という会社があります。この会社が増資で新たに 100 億円の資金調達をしました。増資前の ROE は 10%です。増資をした瞬間，ROE は 5%に低下します。当期純利益は変わらず，資本だけが倍増するからです。

　しかし，よく考えてみましょう。この会社は何らかの使途が念頭にあって，増資をしたはずです。調達資金を寝かせておくことはありません。実は，増資時の市場での株価変動は，調達資金の期待利益率に依存します。調達資金をどのように活用するかまで検討する必要があります。

　第 1 のケースは，調達資金を既存事業と同一の利益率の事業に投じる場合です。小売業などで新規店舗をオープンする場合などを想定してください。同じ利益率

ですから，新規調達資金分の ROE は 10％です。会社全体の ROE も 10％で不変です。

　第 2 のケースは，調達資金を利益率が既存事業よりも相対的に低い事業に投下する場合です。例えば，利益率が 4％しか上がらない事業に投下したとすると，会社全体の ROE は 10％と 4％の平均値である 7％に低下してしまいます。既存株主からすると，新規株主の資金が低収益事業に投下されることで，自分たちの ROE が希薄化したと感じることでしょう。

　第 3 のケースは，調達資金の投資先収益率が既存事業よりも高い場合です。非常に有望な事業で利益率が 20％だとしましょう。そうすると，会社全体の ROE は 10％と 20％の平均値 15％にまで上昇します。既存株主にとっての ROE は希薄化されるのではなく，逆に「濃縮化（concentration）」されるのです。

　以上の議論から分かるのは，増資によって株価が上がるか下がるかは，調達資金の期待利益率に依存するというわけです。一般に増資というと，すぐに希薄化がイメージされますが，「濃縮化」する可能性もあるわけです。ちまたに広まっている常識も，時には疑い，自分の頭で考える姿勢が必要です。

増資に対する株価反応は調達資金の使途・期待利益率によって異質である

財務レバレッジと株式ベータの関係性

　株式ベータの決定要因は大別すると3つあります。第1の要因は既に述べたとおり，事業リスクです。第2の要因は企業の費用構造です。固定費と変動費の割合がどうなっているかです。営業レバレッジなどと呼ばれることもあります。固定費の割合が高いほど業績の変動性が高まり，株式ベータも高くなります。

　第3の要因は資本構成です。財務レバレッジが高いほど株式ベータも高くなります。財務レバレッジと株式資本コストの関係については，既に述べたとおりです。ここでは，財務レバレッジと株式ベータの関係について，正確に記述することにします。若干，技術的な側面が強いので，「テクニカル・コラム」としてまとめました。関心のない方は，読み飛ばしても問題ありません。

1. 貸借対照表からスタート

はじめに，貸借対照表を以下のように想定します。

$A = D + E$

A：資産，D：負債，株主資本：E

2. WACC からのベータ表現

次に企業全体を負債と株式からなるポートフォリオと見立てると，資産リターンと負債リターン・株式リターンとの関係は以下のように期待されます。税金が存在し

ない場合です。

$$r_A = \left(\frac{D}{D+E} \right) r_D + \left(\frac{E}{D+E} \right) r_E \qquad \cdots\cdots (1)$$

両辺についてベータで表現すると以下の式になります。

$$\beta_A = \left(\frac{D}{D+E} \right) \beta_D + \left(\frac{E}{D+E} \right) \beta_E \qquad \cdots\cdots (2)$$

β_A：資産ベータ，β_D：負債ベータ，β_E：株式ベータ

これを株式ベータについて整理すると，以下の式のように変形できます。

$$\beta_E = \left(1 + \frac{D}{E} \right) \beta_A - \left(\frac{D}{E} \right) \beta_D \qquad \cdots\cdots (3)$$

3. レバレッジとベータの線形表現

資産ベータ（β_A）は事業特性によって決まるため，レバレッジの影響を受けませんので一定の値となります。また，負債リターンが市場ポートフォリオとほとんど連動しない（すなわち $\beta_D = 0$）と仮定すると，(3) 式は以下のように変形できます。

$$\beta_E = \left(1 + \frac{D}{E} \right) \beta_A \qquad \cdots\cdots (4)$$

(4) 式から，株式ベータは財務レバレッジ（D/E）が高まると線型に上昇することが分かるでしょう。ここでは税金が存在しない場合を想定しました。税金が存在する場合には，もう少し複雑になりますが，基本的な構造は同じです。つまり事業リスクが不変であっても，財務レバレッジが上がると，株式ベータは上昇するのです。この点は，MM 第 2 命題とともに，きちんと理解しておく必要があります。

　この関係式からは，実務的な示唆も得ることができます。積極的なペイアウト政策を取ることで財務レバレッジが上昇すると，株式ベータが上昇するということです。株式ベータの上昇は，自社の株式の変動性が高まるということを意味します。もちろん，株主の期待する株式リターンも高くなるのです。この点を経営トップは認識しておくべきでしょう。

[V]

揺らぐ企業理論

中　野「今週が最後のレクチャーです。張り切って行き
　　　　ましょう」

令　子「センセイ，前回の内容は少し難しかったです。
　　　　『戦略的コーポレートファイナンス』のはずな
　　　　のに，私には経営が見えなくなってきましたよ。
　　　　テクニカルな話に振りすぎじゃありませんか。
　　　　トホホ」

中　野「そうですか。そんなことはないはずだけど」

令　子「株主とか債権者とか，そういう人たちの損得の
　　　　話ばかりです。企業にはもっと多様な関係者が
　　　　いますけど，その人たちの利害はどう考えれば
　　　　いいのですか？」

中　野「なるほど，実に興味深い。それはステークホル
　　　　ダー理論に関係しますね。第1の論点として
　　　　最初に説明をしましょう。たまには良いことも
　　　　言うんだね」

竹之内「企業を経営する立場からすると，意思決定の際
　　　　の時間軸が気になります。最近は周囲からの圧
　　　　力で，どうしても短期的な業績向上に偏ってし
　　　　まいがちです。本来はもう少し長期的視野に立
　　　　った判断をしたいと考えています」

中　野「なるほど，実に興味深い。『経営の時間軸』は
　　　　2番目の論点としましょう」

令　子「今さらですけど，企業価値を創造するのって，
　　　　働いている私たちだと思うんですよ。ホント，
　　　　今さらですみません」

中　野「令子さん，企業価値創造に貢献しているのかな
　　　　ぁ？　まあ，いいや。あまり問い詰めないのが

148

私の流儀です。第3の論点として，人的資源
が競争優位の源泉になっている面白い事例を紹
介しましょう」

1　論点はどこにあるか?

コーポレートファイナンスにおいて，企業価値とは株
主価値と債権者価値の総和を表します。優先株式など，
その他発行証券がある場合には，それらの価値も含めま
す。

コーポレートファイナンスにおける
企業価値の定義

企業価値 ＝ 株主価値 ＋ 債権者価値

「企業価値最大化」と聞くと，右辺の株主価値と債権
者価値の最大化，すなわち金融証券保有者の利益ばかり
を最大化するように誤解する人がいるかもしれません。
しかし右辺イコール左辺です。左辺は資産価値，事業価
値です。バランスシート左側の価値を大きくしていくこ
とに反対する人はいないでしょう。資産価値・事業価値
を最大化することは，裏返していうと，株主価値と債権
者価値の合計値を最大化することにつながります。

さてこのような基本を押さえた上で，「企業価値最大
化」命題（Value maximization proposition）について考
えてみましょう。「企業価値最大化」に対して，頻繁に
寄せられる批判ないし論点は次の3点です。

第1の批判は，企業にとっての財務的な請求権者で

ある株主・債権者の価値を過度に重視することから，他の利害関係者の利害が軽視されるというものです。これは主として，ステークホルダー理論の提唱者から提示される論点です。

第2の論点は，短期主義（short termism）や近視眼的な企業行動（myopic behavior）に関するものです。短期主義とは長期的利益を犠牲にして，短期的利益を過度に追求する姿勢です。直近の四半期EPSを嵩上げするために，正のNPVを内包して本来は実行すべき投資プロジェクトを見送る行動などが，その典型です。経営者が投資家，証券アナリストの圧力に屈して，短期的利益を稼ぐような行動に走り，長期的な企業価値を失墜させるとして批判されることがあります。

第3の論点は，第1の論点から派生するものです。現代社会において，企業価値の源泉はカネからヒトへと遷移しているのではないかというものです。カネが相対的に重要であった時代は過ぎ去り，現在では世界中でカネ余りの状態です。企業の差別化要因は人的資源やアイデアにあるのではないかという点です。

3つともに，企業理論にとって本質的な問いかけです。以下では順番に考えていきましょう。

2 ステークホルダー理論に対するジェンセン教授の批判

経済学や金融論が重視してきた価値最大化命題（Value maximization proposition）に対しては，これまで様々な批判がなされてきました。その際に対抗理論として脚光を浴びたのが，いわゆるステークホルダー理論

です。株主，債権者だけでなく企業を取り巻く多様な利害関係者の便益を考慮に入れて，企業経営を行うべきだという主張がなされます。具体的な利害関係者としては，従業員，顧客，取引先，地域社会，政府，地球環境などが取り上げられます。

　ステークホルダー理論は実務家にも，いくつかの理由から非常に人気があります。第1に，人々の直感に訴えます。財務的な企業価値を追求するだけでは味気ないのでしょう。多様な関係者にとっての「価値」を求めるほうが，なんとなく洗練された解のような気がするかもしれません。また，企業の経営トップに上り詰めるような人材は，バランスのとれた人物が多いので，多様な利害に注意を払おうとされるのかもしれません。

　しかし，ハーバード大学のジェンセン教授は，ステークホルダー理論には批判的です。

It fails to provide a complete specification of the corporate purposes or objective function.　Jensen［2001］
（ステークホルダー理論は，企業の目的を特定できず，また目的関数を与えることもない）

　価値最大化アプローチは経営者に単一の目的を与えますが，ステークホルダー・アプローチは経営者にそのような目的を与えてはくれません。そのため，経営上の混乱，対立，非効率をもたらし，競争上の失敗に導く可能性もあると指摘しています。

3　BSCの考え方

　ステークホルダー理論と同様に，複数の主体に目配り
をする経営管理ツールとして，バランスド・スコア・カー
ド（BSC）があります。ジェンセン教授は実務家から人
気のあるBSCにも同様の欠点があると指摘しています。
BSCはジェンセン教授のハーバード・ビジネススクー
ルの同僚であるキャプラン教授が提唱している経営管理
ツールです。

　BSCは「財務の視点」だけでなく，「顧客の視点」「学
習と成長の視点」「社内ビジネス・プロセスの視点」を
主要な目標に掲げています。これらのスコアを達成して
いくプロセスには，企業の価値を高める効果があります。

図表5-1：BSCの考え方

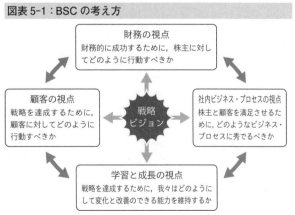

出所：R.S.Kaplan, and D.P.Norton "Using The Balanced Scorecard as a Strategic
　　　Management System." *Harvard Business Review*, January-February 1996, 75-85.

けれども，視点間で対立が生じた場合，どのようにして
トレードオフを解消していくべきかの指針は提供してく
れません。従業員の視点を重視すべきか，顧客の視点を
重視すべきか。優先順位に関して BSC は，沈黙するほ
かはありません。もちろん，4 つの視点のウェートを設
定することも可能ですし，それを柔軟に変化させていく
ことも可能です。しかしながら，そのことは逆に「経営
判断の軸」，業績評価尺度の不在を示すことにもなりか
ねません。

4 CSV 経営という新しい考え方

それでは近年，脚光を浴び始めている CSV（Creating
Shared Value）については，どのように考えればいいで
しょうか。まずは CSV の基本的な考え方から説明をし
ましょう。CSV とは，経済的価値を創造しながら，社
会的ニーズに対応することで社会的価値も創造するとい
うアプローチです。ハーバード・ビジネススクールのポー
ター教授らが提唱しました（Porter & Kramer［2009］）。

従来の CSR（Corporate Social Responsibility）は，そ
の基本的性格が社会貢献活動・慈善活動にあり，企業の
事業活動・事業戦略との直接的な結びつきは弱いもので
す。一方，CSV は本業に即した形で社会的課題を解決
しながら，経済的価値をも追求しようと試みます（**図表
5-2** を参照）。その意味で，CSV は CSR でもなければ
フィランソロピーでもありません。社会のニーズや問題
に取り組むことで社会的価値を創造し，その結果，経済
的価値をも創造するというアプローチを取ります。あく

153

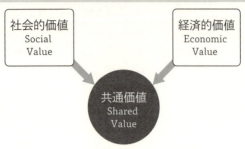

図表 5-2：共通価値（Shared Value）の考え方

社会的価値
Social
Value

経済的価値
Economic
Value

共通価値
Shared
Value

出所：Porter and Kramer [2011] の記述を参考にして筆者作成。Michael Porter &
Mark Kramer "Creating Shared Value" *Harvard Business Review,* January-February
2011, 2-17.

までも，収益モデルに基づいた企業の利己的な行為であ
る点が，従来の狭義の CSR との大きな相違点と言える
でしょう。

　分かりやすい１つの簡単な事例をあげます。高級木
造住宅メーカーの住友林業は，"Project Earth" という
CSV 的なプロジェクトを実施しています。同社は顧客
が住宅を建てると，延床面積の２倍の面積の植林をイ
ンドネシアで実施しています。１年間の植林面積は 300
ヘクタール，１年間の植栽本数は 30 万本に及びます。
それによって，木材を使った高級住宅を販売しながら，
顧客が世界の森林問題・環境問題に貢献できるという環
境意識に訴えた事業戦略を展開しているのです。高級住
宅である「住友林業の家」の販売による収益獲得と，植
林による環境貢献という社会価値・顧客価値を，同時に
追求しています。

　さて，CSV についてもう少し説明をしましょう。共

通価値を創造するには，大別して3つの方法があります（Porter & Kramer［2011］）。①製品と市場を見直すCSV，②バリュー・チェーンを強化するCSV，③拠点地域を支援する産業クラスターを強化するCSVです。

　第1の製品と市場を見直すCSVとは，社会・環境問題を解決する製品・サービスを提供することで，自社も経済的利益を上げながら，社会的価値を創出しようというものです。イメージしやすい具体例としては，トヨタ自動車の「プリウス」をあげることができます。環境に優しいハイブリッド・カーを社会に提供することで，環境に関する問題解決に貢献しています。その一方で，経済的利益をもきちんと上げています。

　他の例としては，ミドリムシの大量培養技術で，バングラデシュの食糧問題・栄養問題を解決しようと挑戦しているユーグレナ社をあげることができます。

　第2のバリュー・チェーンを強化するCSVとは，国際的な飲料食品企業であるネスレに代表されるように，サプライヤーの育成を通じて安定的調達，流通効率化，環境負荷低減などを目指すものです。第3の拠点地域を支援する産業クラスターを強化するCSVは，地域社会における職業訓練サービスの提供などにより，地域を強化する活動を指します。

5　変わる企業の目的関数

　従来，企業の目的関数は経済的成果を上げることにありました。具体的には，売上高，利益，キャッシュフロー等です。さらに，近年では，上場企業の場合では，

株主価値の最大化が強く要請されているのは周知のとおりです。従来の企業に関する基本的な前提は、企業の社会的活動と経済的成果とは相反するものであり、両者はトレードオフの関係にあるというものでした。社会的活動を熱心に行なうことは企業利益を減少させ、株主価値を低下させると捉えられてきました。

　一方で、CSVは、企業の目的関数は経済的成果と社会的成果の合計値を増加させることを目的とします。「共有価値とは、経済的価値と社会的価値の総和を拡大することである」（Porter & Kramer［2009］）。慶應義塾大学の岡田教授は、これまでの企業戦略理論の系譜を振り返り、「本業を通じて社会的価値（社会の抱えるニーズや問題の解決）をも創造する方法で経済的価値を創出する『共有価値創出能力』」として整理しています（岡田［2012］）。

　経営学ないしは企業財務論の学術研究では、大半の統計的な実証研究において、被説明変数は経済的価値（利益系の変数、市場系の変数）でした。例えば、CSRが企業価値に及ぼす影響を知りたいのであれば、被説明変数には株式価値関連の変数（PBR、Tobin's Q等）を用い、説明変数にCSR関連の尺度を用います。ところが、共通価値最大化が企業の目標ということになると、被説明変数には経済的価値と社会的価値の合計値・複合指標を設定することになります（岡田2014）。学術研究上の被説明変数すなわち説明しようとする事柄の転換は、経営学・企業財務論の世界では、大変な思考転換となるでしょう。

従来の実証研究のモデル
　企業価値 $= f(X1, X2, X3, \cdots\cdots)$

CSV 型の実証研究のモデル
　共通価値 = 経済的価値 + 社会的価値
　　　　　$= f(X1, X2, X3, \cdots\cdots)$

　もちろん，学術研究の世界にとどまらず，企業経営の実践の場においても，大きなインパクトを与える考え方であることは言うまでもありません。**図表 5-3** は企業

図表 5-3：企業の経済的価値と社会的価値の関係

出所：Michael Porter & Mark Kramer, "Creating Shared Value," *Harvard Business Review,* January-February 2011, 2-17.

の生産性向上（経済的価値）だけでなく，周辺に位置付けられている多様な社会的価値をも同時に追求していかなくてはならないという状況を示しています。CSVという考え方は，21世紀の先進的企業の経営目標の在り方に，大きな問いを投げかける概念となる可能性を秘めているのです。

6　続・ジェンセン教授の議論

ここで，ジェンセン教授の議論に戻りましょう。BSCおよびステークホルダー理論は，複数の目標を掲げているため，経営者に大いなる裁量，フリーハンドを与え，経営者の自己利益追求を許す余地があります。悪いシナリオでは，経営者が特定の利害集団と手を結び，特定の便益に歪んだウェートを置く可能性があります。あるいは，無意識のうちにそのような行動を取ってしまうかもしれません。

自分の好みで，過度な社会的活動，環境活動，慈善活動に企業資源をつぎ込む可能性も考えられます。株主・債権者の犠牲のもとに，価値が毀損されたり，ライバル企業との競争上で劣位に追い込まれたりすることも考えられます。ステークホルダー間の利益のトレードオフを解消する際の指針が何ら存在しないことから，経営者自身のパワーが強化されるという側面も否めません。業績評価尺度の多様化によって，規律が働かなくなるという問題です。

多かれ少なかれ，CSVも類似の問題を抱えていないわけではありません。程度問題ではありますが，複数の

目的を標榜することの負の側面も忘れてはなりません。社会的価値を過度に追求し，経済的価値を低下させてしまう危険性です。

　ジェンセン教授は，上記のような議論の末に，"Enlightened value maximization" という考え方を提示し，長期の財務的な企業価値創造を企業の目的関数に設定すべきだと主張しています。ステークホルダーに対して最低限の便益を与えなくては，企業は長期間にわたって存続することはできません。ステークホルダーへの責務を果たすという意味で，その最低限のハードルをクリアする必要があります。その上で，あくまでも財務的な企業価値を業績評価尺度とすべきだと説いています。ステークホルダーの満足化水準を満たした上で，長期の財務的価値向上を目指すものと言ってよいでしょう。

　「経営の時間軸」については，次のセクションで考察しましょう。

7　長期株主優遇の潮流

　企業のオーナーは株主です。株主総会での議決権を持つのは，ある一時点で株式を保有する株主です。そして通常は「1株1議決権」が原則です。しかし議決権の重みが異なる複数種類の株式を発行する企業もあります。「デュアル・クラス・シェア」と呼ばれるものです。米国のグーグルやリンクトインなどでは，創業者あるいは上場前からの株主の保有する株式には，通常の株主の10倍の議決権が付与されています。このような仕組みは例外的なものでしょうか。

実はフランスの会社法では，2年間株式を継続して保有した場合，2倍の議決権が付与されます。長期的な視点から企業を評価してくれる「株主の声」を経営に反映することがその狙いと言われています。

　オックスフォード大学のメイヤー教授は，この点に関連する興味深い提案をしています。株主のコミットメントの深度（投資した資本の量）だけでなく，コミットメントの期間（投資した期間）に応じて議決権を付与すべきだという提案です。しかも，株式保有期間は事後的に計るのではなく，株主は事前に保有を意図する期間を登録することを求めています。保有期間の事前登録の効果としては，次の2点を挙げています。

　「第1に，保有期間の登録により保有期間を遡ってではなく，将来予想される保有期間に比例させて，株主に議決権行使に基づく支配権を付与できる。第2に，保有期間の登録により，企業買収における財産権移転の決定権を対象会社の長期的なビジョンにコミットしている株主にのみ付与し，コミットしていない株主を意思決定の過程から排除することができる。」（『ファーム・コミットメント』メイヤー著，宮島監訳，NTT出版，2014年）

　コミットメントの時間軸を重視する考え方です。日本でも「経営の時間軸」に関する議論が始まっています。次に実際の事例を見てみたいと思います。

8　トヨタ自動車の AA 株

　議決権の多寡ではありませんが，日本でもトヨタ自動車は 2015 年 7 月に「AA 型種類株式」という一風変わった株式を発行しました。AA 株には譲渡制限が課されていて，5 年経過するまでは売却ができない優先株式です。AA 型種類株式を発行する目的は，長期的な投資家を増やすことだとされています。実際，同社は AA 型種類株式発行の背景・目的として，以下のとおり発表しています。

AA 型種類株式発行の背景・目的
- 中長期で保有いただくことを前提とした議決権のある譲渡制限付き種類株式の発行
- 中長期での成長を目指すトヨタの経営の意思を株式市場へ発信
- 中長期で株式を保有する株主を「会社にとって重要なパートナーとなり得る存在」とするコーポレートガバナンス・コード原案に沿った取組み

出所：トヨタ自動車ホームページ

　特徴としては 3 つあります。第 1 に普通株式と同等の議決権が付与されています。第 2 の特徴は発行後 5 年間は売却ができませんが，5 年以降は次の 3 つの選択肢から，自分の行動を決定することが可能です。

①普通株式に転換（1 対 1）の上，普通株式として保有。

図表5-4：トヨタ自動車　第1回AA型種類株式の配当利回り

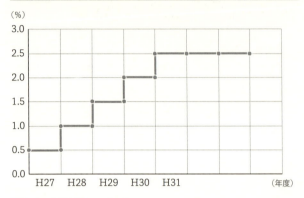

出所：トヨタ自動車ホームページ

②AA型種類株式のまま継続保有。

③発行価格で取得請求をすることで換金する。

　第3の，そして最も特徴的な点は，長期保有を促進する利回りです。優先配当の利回りは平成27年度は0.5％と低水準ですが，28年度が1.0％，29年度が1.5％，30年度が2.0％，31年度が2.5％，32年度以降は2.5％で一定となります。長期的な視野を持った株主の保有を促すような配当利回りの設定がなされている点が特徴的です。

　調達した資金は「中長期視点での研究開発投資」に向けられます。それにフィットした，「中長期株主層の形成」を狙っているのです。時代は短期的なゲインを求める投機マネーではなく，長期的視野を持つ資金提供者を求めているのかもしれません。日本を代表する企業の取

り組みゆえに，今後の波及的展開が注目されています。

9　マンチェスター・ユナイテッドの財務諸表から見える景色

「経営の時間軸」の議論に続いて，競争優位の源泉に関して，１つの思潮を紹介します。経営資源には「ヒト」「モノ」「カネ」「情報」があります。従来，企業財務の世界では，「モノ」「カネ」が明示的に扱われ，重要視されてきました。しかしながら近年，最大の差別化要因は「ヒト」あるいは「ヒト」に付随する「情報」であることが指摘されています。ここでは，イギリスのサッカークラブを事例にして考えようと思います。

　一般的にサッカークラブの基本的事業は３つあります。第１にチケット販売，テレビ放送，スタジアムでの飲料・グッズ販売，スポンサーシップ獲得など，われわれが想像しやすい活動です。第２に選手を内部で指導・育成する活動です。クラブごとの理念・特徴が表れる活動です。第３に選手契約の取得および売却などの取引活動です。財務諸表の視点から興味深いのは，第３の活動です。プレミアリーグの名門クラブ，マンチェスター・ユナイテッド（MANU）を事例として，考えてみましょう。

　MANU は 1992 年 /1993 年のシーズンから数えてみると，過去 23 年間で 13 回も優勝を果たしている名門中の名門です。最近では，日本の香川真司選手が所属していたことが記憶に新しいクラブです。ホームグラウンドのオールド・トラッフォード・スタジアムは「シアター・オブ・ドリームズ（夢の劇場）」と呼ばれ，世界

中のサッカーファン，サッカー選手の憧れの地です。実
際に現地でサッカー観戦をしたことがある読者の方もい
るかもしれません。

選手登録権の存在感

英国のサッカークラブでは，選手登録権
（players'registrations：以下PR）の獲得に要した金額は
無形固定資産として貸借対照表上に計上されます。そし
て，当該クラブは契約期間内は契約選手を独占的にプ
レーさせる権利を有します。無形固定資産ですから，契
約期間にわたって償却を行ないます。また減損処理の対
象にもなります。

図表5-5はMANUの2015年6月30日時点の貸借
対照表の資産サイドの内訳を示しています。資産総額
13億ポンドのうち，有形固定資産はわずかに約2.5億

図表5-5：MANUのB/Sの資産サイドの構成 (2015年6月30日時点)

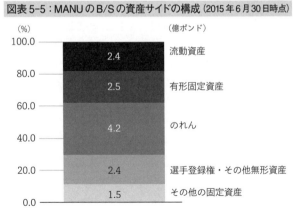

出所：MANU Annual Report 2015.

ポンドに過ぎません。「のれん」が約 4.2 億ポンドと最大の構成要素となっています。さらに興味深いのは、「選手登録権・その他無形資産」が約 2.4 億ポンドも占めている点です。のれんと合計すると、無形固定資産だけで 6.6 億ポンド、すなわち総資産の 2 分の 1 にも上っています。第 3 章で詳述しましたが、M&A を戦略オプションとする一般企業であれば、「のれん」計上企業は珍しくありません。サッカークラブに特有なのは「選手登録権」です。

　実は PR は損益計算書にも登場します。2015 年 6 月末で終了する会計年度において、MANU の営業利益は 3,165 万ポンドです。そのうち選手登録権売却利益 (profit on disposal of players'registrations) は実に 2365 万ポンドです。営業利益の 75％ を占めており、主要な利益源泉となっています。

　PR はキャッシュフロー計算書でも存在感を示しています。MANU の設備投資はスタジアムおよびトレーニングセンター改修費の 547 万ポンドですが、PR 購入額 (purchase of players' registrations) は 1.2 億ポンドに上ります。設備投資額の 21 倍です。一方で、PR の売却も 2,065 万ポンドほど行なっています。2015 年 6 月末で終了する会計年度では、ネット額を計算する上では、「Di Maria, Fellaini, Depay, Shaw の PR 獲得金額から Wellbeck, Kagawa の PR 売却金額を控除している」と報告されています (*MANU Annual Report 2015*)。

　Di Maria や Fellaini は新戦力として獲得され、Kagawa 選手は放出されたことを示しています。プレミアリーグでは、選手ポートフォリオの新陳代謝が激しいようです。

MANU の財務諸表 3 表（BS，PL，CF）のどれを見ても PR の存在感は抜群です。MANU の差別化の最大の要因は選手，ヒトに他なりません。

企業価値の源泉は「ヒト」「見えざる資産」

さて MANU の例を取り上げたのは，会社にとって競争優位の源泉が「モノ」「カネ」から「ヒト」「見えざる資産」へとシフトしてきていることを具体的なイメージとして，読者の皆さんに提示したかったからです。もちろん上場企業とはいえ，サッカークラブは極端な例だという点は私も理解しています。しかし，皆さんの身の回りを見渡してみて，似たような企業が見当たりませんか。あるいは，ニュースなどでも，そのような企業が活躍の場を増やしているような印象はありませんか。従来型の重厚長大型以外に，新しいタイプの企業が知らないうちに増えています。特に，海外ではその傾向が強いように思います。

皆さんは FANGs と呼ばれるアメリカ企業群をご存知でしょうか。Facebook，Amazon，Netflix，Google の頭文字を取った略称です。2016 年 4 月 1 日時点での各社の株式時価総額は次の通りです。Facebook が 3,303 億ドル，Amazon が 2,818 億ドル，Netflix は少し小ぶりで 452 億ドル，Google（Alphabet Inc.）は 5,298 億ドルです。巨大な企業群です。株式時価総額が日本一の会社はトヨタ自動車で，約 1,718 億ドル（1 ドル＝ 112 円換算すると約 19.3 兆円）です。Google の株式時価総額が大きいことはご存知かと思います。ところが，Facebook や Amazon も日本で時価総額第 1 位のトヨタを上回っ

ているのです。日本企業にしか注目していない方は、とても驚かれることでしょう。FANGs の中国版として、"BAT" という企業群の成長も著しいようです。Baidu, Alibaba, Tencent 各社の頭文字を取ったものです。"BAT" は中国におけるインターネット関連事業から、金融決済等にも事業を展開しています。

　これらの企業は、有形固定資産への投資ではなく、人材への投資、研究開発への投資など、「見えざる資産」への投資という方向にシフトしています。あるいはストックとしての資産ではなく、将来キャッシュフロー創出力へと企業価値評価の要因がシフトしてきていると解釈するべきかもしれません。

　もちろん、「カネ」や「モノ」も大切です。これは基本です。しかし現代社会においては、希少性という意味では、ヒト、アイデア、革新性などの「見えざる資産」あるいは将来キャッシュフロー創出力にその座を奪われつつあるのかもしれません。財務的な評価、意思決定をする際には、このような新しい潮流も強く意識する必要があるでしょう。

10　本章のまとめ

　本章のまとめをしましょう。企業経営の目標としては、ステークホルダーの求める最低限の要求はきちんと果たしつつ、長期的視野に立った財務的な企業価値を向上させるということになるでしょう。最初から、複数のステークホルダーの利害を企業目標に組み込むことは、経営資源の効率的活用という意味では、さまざまな非効率、言

い訳を生み出しかねません。経営者への規律効果から
も，上場企業の経営目標は，長期的な財務的な企業価値
の向上にすべきでしょう。

　ただし現代社会において，「カネ」は希少な資源でな
くなりつつあるのも事実です。金融緩和が続く世界に目
を転じると，カネ余りが目につきます。これからの競争
優位の源泉は「モノ」「カネ」ではなく，「ヒト」や「ア
イデア」「情報」である点をきちんと認識して，長期の
企業価値創造を図るというのが，未来の新しい企業の姿
ではないでしょうか。

　本書は企業の戦略や経営が見えるコーポレートファイ
ナンスを目指しています。主役は金融市場ではなく，あ
くまでも事業を行なう「企業」です。そして企業の主役
は，働いている皆さん一人ひとりです。企業の価値創造
の源泉，差別化の源泉は事業にあり，皆さんのアイデア
と行動にかかっています。そのことを忘れないようにし
てください。

　第4章ではファイナンスのテクニカルな側面を強調
しすぎたかもしれません。本書を締めくくるにあたり，
第5章では戦略的コーポレートファイナンスという原
点に戻り，現代の企業を取り巻く3つの重要論点に関
して財務の視点から考察してみました。新しい論点です
から，まだ正解が見えにくいのも事実です。しかし，近
い将来には重要論点として取り上げられることは疑いの
余地もありません。

土曜ゼミを終えて

　こうして「土曜ゼミ」は幕を閉じました。6週間のゼミの後，徳島令子さんと竹之内健一社長のお二人から一言ずつ，「感想レポート」を寄せていただきました。

新人さん（徳島令子）のまとめ

　大学生の時には，ただ漫然と教科書を読んでいるだけでした。自分が証券会社の投資銀行部門で働くようになると，毎日ものすごいスピードで，目の前に案件が積み上げられていきます。1つ1つの案件には，それぞれの独自の特徴があるので，どうしても細かい特殊な事柄を追いかけてしまいます。そうなると，経験の浅い自分には，強みはまったくありません。経験値の高い先輩，上司に指示された作業をこなすだけでした。

　「土曜ゼミ」に出てみて，現象を理解・把握する思考枠組みがあることを学べました。職場でも，先輩や上司に，「このM&A戦略について私なりに考えると……」，「このプロジェクトは一見難しく見えますが，構造はシンプルです」というように提案できるようになってきました。徐々にですが，周囲にも貢献できるようになってきました。これからは，実務と理論を自分の中で還流させていき，自分なりのコーポレートファイナンスのプロを目指したいと思います。

社長（竹之内健一）の視点

　私は住宅メーカーの社長をしていますが，技術系の出身です。取締役会で議題に上がることの多い，「投資案件」「M&A」「資金調達」「配当政策」などについて，表面的には理解しているつもりでも，腹の底から理解できていませんでした。これでは，マズイと思っていました。土曜ゼミのおかげで，「自分の頭で考えれば解が見つかる」という自信がつきました。やはり，部下の説明に頼るのではなく，自分の頭で本質を摑みたいですから。その意味で，シンプルに思考する「土曜ゼミ」は私にはフィットしていました。「財務は，それほど難しくないんだ」，という気持ちを持てたことも大きかったです。私は社長ですから，財務の細かい点ではなく，財務の思考方法を磨き上げていきたいですね。これからも時折，疑問点があったらワイン持参で質問に来ます。でも，ウチの会社の連中には内緒にしておいてください。

読者へのメッセージ

　最後に，私から読者の皆さんへのメッセージです。私は大学の教員ですから，少し青臭い話になります。第1に，竹之内社長が言っていましたが，「自分の頭で考えれば解が見つかる」ということです。コーポレートファイナンスの現象は一見すると，複雑に見えるかもしれません。しかし，ごく基礎的な実務知識，そして理論的な思考枠組みを組み合わせれば，ほとんどの現象を理解できます。たとえ，複雑だったり，新規性が高かったりし

ても，1つずつ思考ステップを踏んで行けば，問題は解決可能です。すぐにインターネットで調べて，安易な回答で満足しているようでは，差別化はできません。

「大学で教える内容は役に立たない」というご批判を受けることも，少なくありません。しかし，現代のビジネスにおいて活躍するには，実務知識だけでは限界があります。これからは，実務知識と理論的枠組み，実証研究の成果を組み合わせて，企業の財務を考える姿勢が差別化のポイントになるのではないでしょうか。世界のリーディング・カンパニーの経営幹部は，ほとんどがMBAホルダーです。MBAで学ぶコーポレートファイナンスの内容は，さまざまな場面で有益です。逆に言うと，基礎的理論を知らずして実務に携わる時代は過去の話で，既に終焉を迎えつつあります。「大学で教える内容くらい知らないと役に立たない」というのが，世界の現状です。

第2のメッセージは，"You are what you learn."です。フランスの美食家ブリア・サヴァランを模するわけではありませんが，「あなたの精神は学びから形成されている」のです。世の中全体がまだ貧しい時代には，人間は生きていくために学ぶ必要がありました。大学での学びをテコにして，職業を得て，生活の糧を得てきました。しかし，現代では，「人間は学ぶために生きている」のではないでしょうか。健康寿命が大きく延び，定年退職後の自由な時間も増えました。さまざまな知識を獲得する「学び」は生きることそのものだと思います。役に立つ，立たないにかかわらず，知的に興味深い事柄を学ぶことこそが，生きることなのです。これは何もシニア向

けのメッセージではありません。若者にも，いや若者にこそ，この言葉を送りたいと思います。「人間は学ぶために生きている」のです。未来は，決して暗くはありません。未来は，われわれ自身の手で，確実に変えていくことができます。私は，そう信じています。

ブックガイド

　最後になりますが，読者の皆さんが今後，コーポレートファイナンスを継続的に学ぶ上で良き案内役となるような書籍を紹介します。初めてコーポレートファイナンスを学ぶのに最適な書籍として次の2冊を推薦します。基礎的な論点がバランスよく解説されており，理論的にも丁寧な記述がなされています。分厚い本に進む前に，一読を薦めます。事業投資の意思決定，資本構成・資金調達の意思決定，ペイアウト政策の3領域がコンパクトに学べるでしょう。

- ●『コーポレート・ファイナンス入門』砂川伸幸，日経文庫，2004年
- ●『コーポレート・ファイナンスの考え方』古川浩一・蜂谷豊彦・中里宗敬・今井潤一，中央経済社，2013年

　次にコーポレートファイナンスを本格的に学ぼうとする読者には，以下の2つをおすすめします。いずれも欧米のMBAの定番テキストです。理論的な解説だけでなく，具体的なデータが満載です。日本語訳には上下巻

がありますが，まずは上巻から取り組むと良いでしょう。

- ●『コーポレート・ファイナンス第10版』リチャード・ブリーリー，スチュワート・マイヤーズ，フランクリン・アレン著，藤井眞理子・国枝繁樹監訳，日経BP社，2014年
- ●『コーポレートファイナンス第2版』ジョナサン・バーク，ピーター・ディマーゾ著，久保田敬一・芹田敏夫・竹原均・徳永俊史訳，丸善出版，2014年

日本企業の事例をベースとして学びたい人には，次の書籍がおすすめです。代表的な産業からバランス良く事例が選択されています。理論書を学習した後に読むと，理論が腑に落ちる感覚を得られるかもしれません。

- ●『日本企業のコーポレートファイナンス』砂川伸幸・川北英隆・杉浦秀徳，日本経済新聞出版社，2008年

本書で取り上げたリスクとリターンの国際比較分析については，拙著であり宣伝めいて恐縮ですが，次の書籍が豊富なデータを収録しており，参考になるでしょう。

- ●『業績格差と無形資産—日米欧の実証研究—』中野誠，東洋経済新報社，2009年

その他，インベストメント・マネジメントないしは金融理論を重視したテキストとしては，『ファイナンス論—理論から応用まで—』（大村敬一，有斐閣，2010年）

をあげることができます。歴史から理論まで，丁寧かつ精緻に記述されています。

　企業価値評価に関する理解を深める書籍としては，まず最初に『はじめての企業価値評価』（砂川伸幸・笠原真人，日経文庫，2015 年）を読むことをおすすめします。その後に，『新・企業価値評価』（伊藤邦雄，日本経済新聞出版社，2014 年）を読むと良いでしょう。こちらは「バリュエーション」に関する包括的な書籍です。会計学，企業財務，経営戦略論を統合しながら，企業価値評価に関する理解を深めたい読者に最適な 1 冊です。実際の事例も豊富に掲載されており，理解が促進されることでしょう。

　最後にグローバル・ビジネスの生きた教科書として，英字新聞の *Financial Times* をあげたいと思います。世界経済，国際的なビジネスの生き生きとした姿を，クオリティの高い記事で読むことができます。日本経済新聞社のグループ入りをしましたので，日本国内でも簡単に購読をすることができるでしょう。

参考文献

池田直史・井上光太郎「「選択と集中」の経営課題」『証券アナリストジャーナル』第 53 巻第 10 号，6-16，2015 年 10 月

砂川伸幸『コーポレート・ファイナンス入門』日本経済新聞出版社，2004 年

砂川伸幸・笠原真人『はじめての企業価値評価』日本経済新聞出版社，2015 年

井上光太郎，「クロスボーダーM&A と株価」『証券アナリストジャーナル』第 51 巻第 4 号，28-37，2013 年 4 月

岡田正大「戦略理論の体系と「共有価値」概念がもたらす理論的影響について」『慶応経営論集』第 29 巻第 1 号，121-139，2012 年

岡田正大「戦略理論における社会的成果の位置づけと社会経済的収束能力の役割」『慶応経営論集』第 31 巻第 1 号，289-308，2014 年

角田幸太郎「選手登録権の公正価値評価―人的資源会計の例として」『企業会計』第 60 巻，127-131，2008 年

神山直樹「現代の株式会社と ROE」『証券アナリストジャーナル』第 51 巻第 7 号，52-57，2013 年

経済産業省「持続的成長への競争力とインセンティブ〜企業と投資家の望ましい関係構築〜」プロジェクト」『最終報告書（伊藤レポート）』2014 年

中野誠『業績格差と無形資産―日米欧の実証研究―』東

洋経済新報社，2009 年

服部暢達『日本の M & A』日経 BP 社，2015 年

花枝英樹・佐々木隆文・佐々木寿記「資金調達・現金保
　　有に関する企業の意識調査　基本集計結果」2013
　　年

花崎正晴『コーポレート・ガバナンス』岩波書店，
　　2014 年

ジョン・ケネス・ガルブレイス『満足の文化』中村達也
　　訳，ちくま学芸文庫，2014 年

ルイジ・ジンガレス『人びとのための資本主義』若田部
　　昌澄監訳・栗原百代訳，NTT 出版，2013 年

ジョナサン・バーク，ピーター・ディマーゾ『コーポレー
　　ト・ファイナンス第 2 版』久保田敬一・芹田敏夫・
　　竹原均・徳永俊史訳，丸善出版，2014 年

リチャード・ブリーリー，スチュワート・マイヤーズ，
　　フランクリン・アレン『コーポレート・ファイナン
　　ス第 10 版』藤井眞理子・国枝繁樹監訳，日経 BP
　　社，2014 年

コリン・メイヤー『ファーム・コミットメント』宮島英
　　昭監訳，清水真人・河西卓弥訳，NTT 出版，2014
　　年

ラグラム・ラジャン，ルイジ・ジンガレス『セイヴィン
　　グ・キャピタリズム』堀内昭義・アブレウ聖子・有
　　岡律子・関村正悟訳，慶應義塾大学出版会，2006
　　年

Acharya, V. V., Y. Amihud, and L. Litov. Creditor rights
　　and corporate risk-taking. *Journal of Financial
　　Economics* 102 (1) :150-166, 2011.

Betton, S., E. Eckbo and K. Thorburn, "Corporate Takeovers," E. Eckbo (ed.), *Handbook of Corporate Finance*：*Empirical Corporate Finance*, Volume 2, (North-Holland/Elsevier, Handbooks in Finance Series), Chapter 15, 2008.

Dittmar, A. and Mahrt-Smith, J., "Corporate governance and the value of cash holdings,"*Journal of Financial Economics* 83, 599-634. 2007.

Ellis, J., S. Moeller, F. Schlingemann and R. Stulz, "Globalization, Governance, and the Returns to Cross-Border Acquisitions," *NBER Working Paper*, No.16676, 2011.

Fernandez, P., P. Linares and I. Fernandez, "Market Risk Premium used in 88 countries in 2014：a survey with 8,228 answers," *Working Paper.* (SSRN), 2014.

Fernandez, P., A. Ortiz and I.Fernandez, "Huge dispersion of the Risk-Free Rate and Market Risk Premium used by analysts in USA and Europe in 2015," *Working Paper* (SSRN), 2015.

Ings, R. and K. Inoue, "Do cross-border acquisitions create more shareholder value than domestic deals in a mature economy? The Japanese case" *Working paper*, 2012.

Jensen, M., "Value Maximization, Stakeholder Theory, and the Corporate Objective Function" *Journal of Applied Corporate Finance*, 14 (3), 8-21, 2001.

Kaplan, R. and D.Norton "Using The Balanced Scorecard as a Strategic Management System" *Harvard Business*

Review, January-February, 75-85, 1996.

Miller, M., and F. Modgliani, "Dividend Policy, Growth, and the Valuation of Shares," *Journal of Business* 34, 411-433. 1961.

Modgliani, F., and M. Miller, "The Cost of Capital, Corporate Finance, and the Theory of Investment," *American Economic Review* 48 (3), 261-297. 1958.

Mulherin, J.H. and A.L.Boone, "Comparing Acquisition and Divestitures." *Journal of Corporate Finance* 6, 117-139. 2000.

Lang, L., A. Poulsen, and R. Stulz, "Asset Sales, Firm Performance, and the Agency Costs of Managerial Discretion," *Journal of Financial Economics* 37, 3-37. 1995.

Pinkowitz, L., and R. Williamson, "What is the Market Value of a Dollar of Corporate Cash?," *Journal of Applied Corporate Finance* 19 (3),74-81. 2007.

Porter, M., and M. Kramer, "Creating Shared Value：How to Reinvent Capitalism and Unleash a Wave of Innovation and Growth," *Harvard Business Review*, January-February, 2-17, 2011.

あとがき

　本書の執筆に当たり，私は次の2つのタイプの読者を想定しました。第1に，コーポレートファイナンスの基礎的な考え方を一通りきちんと学んだ方です。特に企業経営に携わっている方々の「次のステップ」を心がけて執筆をしました。実務家が実際に悩んでいる重要な論点について明快に解説をしようと考え，精緻な理論的背景を圧縮して，直感的な説明をするようにしたつもりです。学者の独りよがりではなく，少しでも戦略や経営が見えるように配慮したつもりでいます。

　第2に，初めてこの分野に触れる読者です。なるべく興味を持っていただけるような構成にしました。少しでも学ぶ意欲が湧いたのであれば，著者として望外の喜びです。もちろん，これらの狙いが成功しているか否かは，読者の判断を待つほかありません。

　類書に頻繁に記述のある事柄については，極力重複を避けようと考えました。そのため，いくつかのパートで理論的背景に説明不足な点があるかもしれません。その点については，ご容赦ください。

　本書が完成するまでには，多くの方々のご指導・ご支援がありました。私がこれまで教えを受けてきた多くの先生方，先輩方，同僚の皆さん，若手研究者の皆さんに感謝申し上げます。コーポレートファイナンスは経営学と会計学と金融論の融合領域に属する学問分野です。この興味深い学問領域を「トライアングル・フレームワーク」として，いち早く30年も前に手ほどきをしてくだ

さった恩師伊藤邦雄教授に心より感謝申し上げます。勤務先の一橋大学大学院商学研究科では「経営講座」「会計講座」「金融講座」の中間地帯を気ままに飛び回る私を同僚の皆さんには温かく見守っていただいております。大学で自分のメールボックスに目をやると，いつも先生方ご執筆の出版物で溢れており，素晴らしい知的コミュニティに恵まれていることを実感しています。蜂谷豊彦研究科長はいつも余裕の笑顔で，シドニー大学での在外研究期間中，私が自由に研究できるようにご配慮いただきました。日本銀行金融研究所の皆さん，シドニー大学ビジネススクールの皆さんにもさまざまな刺激を頂戴しました。

　財務データを使った学術研究に没頭しがちな私を，企業経営の最前線に引っ張り出してくださるのは，一橋大学の経営講座の先生方です。とりわけ沼上幹教授，守島基博教授には経営の現場を観察する機会を与えていただき，感謝する次第です。加藤俊彦教授は公私にわたり，私の活動を支えてくれる友人です。分からないことがあって質問をすれば，いつでもすぐに教えてくださいます。

　これまでに私がお話を伺ってきた実務に携わる多くの方々からは，企業経営に関するさまざまな知見を教えていただきました。エグゼクティブ研修の講師として講義をしながらも，逆に学んでいたのは私だったのかもしれません。本書の中で少しでも戦略や経営が見える場面があるとすれば，それは皆さまのおかげです。

　髙須悠介准教授（横浜国立大学），大学院演習に参加している調勇二君，吉永裕登君，藤谷涼佑君には，初稿に目を通していただき，いくつかのアドバイスをいただ

きました。彼らのアドバイスによって本書が読みやすくなったことは疑うべくもありません。アマゾンの配当政策に関する記述について最初に教えてくれたのは、当時大学1年生だった松浦英宗君でした。マンチェスター・ユナイテッドの一風変わった財務諸表について教えてくれたのは、英国に留学していた百合川一成君でした。記して感謝申し上げます。

最後に私事で恐縮ですが、本書の執筆中、桜が舞う季節に永眠した父・昭に本書を捧げます。楽観的でありながら几帳面だった父は、きっと天国で「これじゃあ、経営は見えないな」などと、笑顔でジョークを飛ばしていることでしょう。母・利江は「難しいことは分からないよ」と言いながら、いつも応援してくれています。妻・由美子は「あなたの論文を読む人は少ないけれど、入門書ならきっと多くの人のお役に立つわよ。頑張って、良い教科書を書いてね」と、初めて新書を執筆する著者を激励（？）してくれました。日頃の健康管理面の気配りに感謝しています。ありがとう。

2016年7月

　　　　　　　　　一橋大学・国立キャンパスにて

　　　　　　　　　　　中野　誠

【著者略歴】
中野 誠（なかの・まこと）
一橋大学大学院経営管理研究科教授・博士(商学)
1968年東京都生まれ。90年一橋大学卒業、95年一橋大学大学院商学
研究科博士課程修了。その後、横浜市立大学助教授、ルーヴァン・
カトリック大学客員助教授、一橋大学大学院国際企業戦略研究科助
教授を経て2009年（より）現職。2022年より （株）アバントグループ社
外取締役。この間、ASBJ無形資産専門委員、日本銀行金融研究所
客員研究員、シドニー大学ビジネススクール客員研究員を兼任。
主著に『業績格差と無形資産』(東洋経済新報社、2009)、『マクロ実
証会計研究』(日本経済新聞出版、共著、2020)、International
Perspectives on Accounting and Corporate Behavior. (Springer、
共編著、2014)など

日経文庫1361
戦略的コーポレートファイナンス

2016年 8 月10日　　 1 版 1 刷
2025年 1 月 8 日　　　 4 刷

著　者　　中野　　誠
発行者　　中川ヒロミ
発　行　　株式会社日経BP
　　　　　日本経済新聞出版
発　売　　株式会社日経BPマーケティング
　　　　　〒105−8308　東京都港区虎ノ門4−3−12

　　　　印刷・製本　三松堂
　　　　本文DTP　　マーリンクレイン
　　　　© Makoto Nakano, 2016
　　　　ISBN978-4-532-11361-2　　Printed in Japan